改訂版

お金は寝かせて増やしなさい

インデックス投資家のバイブル的ブログ
「梅屋敷商店街のランダム・ウォーカー」著者
水瀬ケンイチ

フォレスト出版

未来《みく》、投資の神様に出会う

私
本田未来《みく》
2004年夏
晴れて結婚
商社マンのクールで小粋な豪介さんに一目ぼれ
一生アナタを守ります！
豪介さん…！
そして僅か3か月でゴールイン！
ですが豪介さんにはトンデモない欠点がありました
未来ちゃんただいま買ってきたよ〜
ありが…
ついでに車も買っちゃった★
テヘッ
新車
ユルすぎる金銭感覚。

テヘじゃなくて！
アナタに頼んだのは
車のおつかいだっけ？
そもそもコレ
何に使うのよ!!
醤油は？
ちゃんと
買ってきたよ
え〜？・そりゃ
決まってるじゃないの
子供連れの
家族全員でさ〜
博多のおいしいラーメン
巡りするのが
僕の夢なんだ〜♪
ラーメン！
ラーメン！
アハハ
まだ
子供できてないし・・
ドッガァ
そのためにも
ホラ、今晩ー
もう何から
突っ込めば
いいやら・・
今言うか
あのモジャ頭
未来
ちゃア〜ン
イテテ…
そう、豪介さんは
イヤな意味で
個性的だった

いくら共働きといえど
あのモジャ脳じゃ
家計が心配だなぁ
ん—…
ガラララ…
新居も買ったばかりだし
かさむローンや
将来の養育費
ああもっと
貯蓄しなきゃだなぁ
でも銀行に貯金
したところで
金利なんて雀の涙
ピッ
ATM
手数料考えたら
むしろマイナス・・
やっぱりお金は
「貯める」より
「増やす」か
でもどうすれば・・
スタッ
スタッ
そんなある日
書店で
こんな本を見つけた
ウォール街の
ランダム・ウォーカー
バートン・マルキール
ウォール街の
ランダム・ウォーカー?

ランダム
ウォーク??
今日はドコへ行こうかな～?
マッテ～～
150万部突破のベストセラー
バートン・マルキール
こんな分厚い本が?ビジネス本のようだけど初心者にはちょっとハードル高いかな
株式投資の不滅の真理・・
あったらいいよね
待てお主ッ!
主はなかなかイイ筋しとる!
ふぃひほほほ♪
はッ・・誰!?

ワシはちょいと投資の神様をやっておる

巷を渡り歩いては投資を説いて回っておるのじゃ
100cm?
意外と小さい・・
やかましいッ!
ところでお主が手にした本は投資のバイブルじゃ
どうじゃ投資する気にはなったかね
そうだったんだ
んーでも投資って、お金持ちがするものじゃない?
私が手を出したら結局損しそうだし何より運用が難しそう・・
ゴメンなさいやっぱり私には向いてないわ
お金を「寝かせるだけ」って言ったらどうする?
寝かせる・・?
興味を持って頂けたかね

神様の一言が気になる未来……さぁどうする!?

プロローグ　私がたどり着いた「寝かせてお金を増やす方法」

ガラガラ……ピッシャーン！

そのとき、私は雷に打たれたような気がしました。

当時20代後半だった私は、某ＩＴ企業の中堅社員。自社製品の販売企画の仕事が正念場を迎えていて、連日、夜遅くまで残業が続いていました。

一方で、私はコンビニで買ったマネー雑誌を読んで、投資に手を出していました。マネー雑誌におすすめと書いてあった会社の株は、理由もわからぬまま値下がりを続けていました。

気になる……気になる……。

仕事をしていても、どうしても株のことが気になってしまいます。いちだんと株価が下がったとき、私はどうにもこうにも恐ろしくなってしまい、上司の目を盗んでトイレにかけこみました。ポケットからケータイを取り出して、証券会社のウェブサイトから株を売却。「まただ。また損をしてしまった……」と暗い気持ちになりました。

しかし、反省している暇などありません。なぜなら、明日の朝イチのミーティングまでに、販売企画の資料を仕上げなくてはならないからです。私は腕まくりをしてパソコンに向かい、パワーポイントを開いて資料作成の続きにとりかかります。画面のすみに小さく、ヤフーファイナンスの株価チャートとニュースを表示しながら……。

ある日曜日。仕事と投資で疲れた頭をかかえて途方にくれていた私は、図書館に立ち寄りました。そこで、手に取った本を1ページ読んで、私は雷に打たれたような気がしました。そこにはこう書かれていたのです。


「個人投資家にとっては、個々の株式を売買したり、プロのファンドマネジャーが運用する投資信託に投資するよりも、ただインデックスファンドを買ってじっと待っている方がはるかによい結果を生む」


……それってお金を寝かせておくだけでいいってこと?

最初、よくあるトンデモ本ではないかと警戒しました。しかし、よくよく調べてみると、1973年に初版が出版されてから30年経ち（当時）、改訂を重ねながら世界中で読み継がれる超ロングセラーだったのです。

まさに「時の洗礼」を受けてきた名著であるということがわかりました。

しかも、この本の主張は、国内外の学者たちによるさまざまな研究で実績が証明されており、プロの間ではよく知られた事実であることまでわかってきました。

いつも投資のことが頭から離れず、仕事も中途半端になっていた私は、「これしかない！」と思ったのです。のちに私を投資の悩みから解放し、人生を大きく変えることになった、その本のタイトルは**『ウォール街のランダム・ウォーカー』**。

＊＊＊

こんにちは、私は水瀬ケンイチといいます。

仕事のかたわら、零細個人投資家として20年前に出会った「インデックス投資」という投資法を実践しています。その実践記を「梅屋敷商店街のランダム・ウォーカー（インデックス投資実践記）」というブログで公開しています。ありがたいことに、そのブログが皆さまにご好評をいただき、こうして本を執筆する機会をいただきました。

はじめからうまくいったわけではありませんが、試行錯誤を経て、現在はほとんど手間をかけることなく投資ができるようになっています。

20年前、インデックス投資のことについて書かれた本は日本にはほとんどなく、洋書の翻訳版くらいしかありませんでした。現在でこそ増えてきましたが、そのほとんどが、金融機関の人やその関係者によって書かれたものです。

プロが自分の専門のことを書くのは当然のことです。

しかし、一方で、情報の提供者は、自分のビジネスに読者を誘導することで、自社の利益につなげることができます。金融機関の儲《もう》けは投資家の損という利益相反があり、金融機関の著者が書く本は、１００％読者の側に立った情報とはいえない面もあります。

また、本は書いても、その投資法を自分では実践していない著者も多いようです。金融機関や新聞社などでは、インサイダー取引防止の観点から、社員が投資をすること自体に制限がある場合もあるからです。

そこで、金融機関の著者ではなく、インデックス投資の長期実践者が経験にもとづいて書くインデックス投資本があってもよいのでは……と思い、筆をとったのが本書です。

インデックス投資の長期実践者が少ないのはなぜ？

しかし、インデックス投資で儲けた人の話を、あまり聞いたことがないはずです。

株で儲けて家を建てた人の話や、不動産投資で大儲けした人の話は、テレビや雑誌で見聞きしたことがあるのに（反対に、大損した人の話もよく見聞きすると思いますが……）。

それもそのはず。

日本にはインデックス投資の長期実践者がまだほとんどいません。

なぜなら、日本でマトモなインデックス投資ができるようになってから、まだ15年も経っていないからです。

15年前に日本でインデックス投資をしようとすると、ロクな商品はないわ、サービスはひどいわ……と、さまざまな困難が伴い、とても継続できる状態ではありませんでした。

だから、日本にはインデックス投資の長期実践者がまだほとんどいないのです。

私は『ウォール街のランダム・ウォーカー』の雷にうたれて以来、米国の主婦が当たり前のようにやっているインデックス投資を、四苦八苦しながらも、なんとかかんとか日本で継続してきました。

しかし、実際の投資は、教科書どおりにはいきません。その経験をもとに、実践者の本音ベースのインデックス投資本を書こうと思いました。


現在、私が住んでいるのは東京都大田区。

梅屋敷という駅の近くで、小さな町工場が多い下町です。向かいのアパートでは、おばあちゃんが干した布団を叩いています。近所の公園では、都会ズレしていない素朴な子どもたちがワーワー言って元気に遊んでいます。

梅屋敷商店街には昔ながらの八百屋さん、お肉屋さん、雑貨屋さんなんかがいつもどおりのんびり営業しています。路地裏には今日も野良猫がニャーンと鳴いています。

そんな下町の梅屋敷商店街から、ほとんど手間をかけずに、遠く海の向こうの米国から、ヨーロッパ、アジアまで世界中に投資ができます。

しかも、**その投資成績は、米国の金融の中心であるウォール街の金融のプロたちの大半を打ち負かしている**と言ったら、あなたは驚かれますか。

ほとんど手間をかけずに、利益だけで高級車が何台も買える程度に資産が増えていると言ったら、あなたは驚かれますか。

日本の下町発「梅屋敷商店街のランダム・ウォーカー」が、米国の「ウォール街のランダム・ウォーカー」の世界に、皆さまをご招待します。

大丈夫です。誰にだってできる投資法ですから。

私がインデックス投資をおすすめする理由

インデックス投資とはどんな投資法でしょうか。

本書では、『ウォール街のランダム・ウォーカー』で推奨されている「**世界中に分散したインデックスファンドを積み立て投資して長期保有すること**」をインデックス投資と呼ぶことにします。


「世界中に分散ってなに?」

「インデックスファンドってなに?」

「積み立て投資ってなに?」

いろいろな疑問が頭をよぎるかもしれませんが、それはのちほどゆっくりとご説明するとして、ここではまず、私がインデックス投資をおすすめする理由をお話しします。

私がインデックス投資をおすすめする理由は次の3つです。

①手間がかからないから
②実は世界標準のスタンダードな投資法だから
③お金の基礎知識として日常生活に役に立つから

おすすめする理由①

手間がかからないから

世の中にはたくさんの投資法があります。基本的には、投資対象銘柄を選択し、タイミングをみて売買することで利益を得ようとするものです。

しかし、インデックス投資は、銘柄選択もしなければ、投資タイミングもはかりません。**基本的には、世界中の株や債券に分散したインデックスファンドを、毎月定期的に同じ金額を積み立てて、あとは寝かせておくだけ。**

「手間がかからない」という一点において、おそらくインデックス投資の右に出るものはないと言っても過言ではありません。

おすすめする理由②

実は世界標準のスタンダードな投資法だから

私たちが「インデックス投資」という言葉を知らなかったとしても、実はそれは個人投資家の間だけの話です。

金融のプロである世界中の年金基金や信託銀行、生命保険会社などの機関投資家の間では、スタンダードな投資法として積極的に採用されているのです。

たとえば、公的年金を運用する日本最大級の機関投資家であるＧＰＩＦ（年金積立金管理運用独立行政法人）の運用資金約２００兆円のうち、83％を占める１６６兆円がインデックス運用されています（2023年3月末時点・出所は年金積立金管理運用独立行政法人サイトより）。

知らぬは個人ばかりで、金融のプロの間では、インデックス運用は世界標準のスタンダードな投資法だったのです。

おすすめする理由③

お金の基礎知識として日常生活に役立つから

最近では、自分で運用商品を選ぶ形の**確定拠出年金**（DC）を採用する企業が増えています。

会社に入ると、まだ右も左もわからないなかでいきなり「確定拠出年金の運用商品を選べ」と言われます。もちろん、導入研修などが行われてはいますが、今まで預貯金しかしたことがなかった人たちが、なんの金融知識もなく、確定拠出年金の研修を受けると、なにがなんだかわからず面食らってしまいます。

ところが、この確定拠出年金の研修テキストが、ほとんどそのままインデックス投

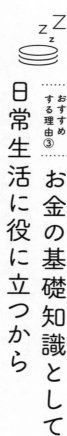

資の教科書そのものなのです。理由②でも述べたように、年金運用でもインデックス投資はスタンダードな投資法なので、確定拠出年金運用の際にも、同じように投資すればよいということになります。

私の勤務先でも、数年前に確定拠出年金が導入されました。導入研修を受けた社員たちが「投資信託ってなんだ?」「リスク? リターン? なにそれ?」と大混乱しているなか、私は「なーんだ、インデックス投資そのものじゃん!」と余裕しゃくしゃくでした。

また、**近年増えている金融詐欺についても、インデックス投資の標準的なリターン水準を知っていれば、詐欺師がうたっている「確実に年利10%」とか「10年で10倍」などという高リターンがあり得ないインチキレベルであることがすぐにわかるはずです。**

このように、インデックス投資は、お金の基礎知識のひとつとして、日常生活にとても役に立ちます。

以上の3点が、私がインデックス投資をおすすめする理由です。

聞き覚えのない「インデックス投資」が少し身近に感じられるようになってきまし

たか。まだですか、そうですね。

これからじっくり解説していきますから、大丈夫です。

銀行や証券会社を信じてはいけない！

これからあなたが足を踏み入れようとしている投資の世界の「金融商品」というものは、他のモノやサービスとはまったく異なる特徴を持っています。

たとえば、自動車であれば、お金を払って自動車を買うと、歩くよりも早く移動できるようになります。当たり前の話ですね。この早く移動できるようになるという価値に対して、私たちは自動車メーカーにお金を払います。

スマートフォンであれば、離れたところにいる相手ともコミュニケーションができるようになるという価値に対して、私たちは携帯電話会社にお金を払います。

レストランでは、自分が料理をしなくても温かい食事を作って運んでもらって食べられるという価値に対して、私たちはお金を払います。

一方で、これから出てくる金融商品はいずれも、お金を増やす（可能性がある）**という価値に対して、私たちはお金を払います。**

お金を増やすために、お金を払う。

あれ？　なんかおかしいですね。

金融商品は、得られる価値も払う対価も同じお金という点が、他のモノやサービスとまったく異なります。

このことは、金融商品を販売する銀行や証券会社（金融機関）**が、どうしても私たち投資家と利益相反関係になってしまうことを意味しています。**

簡単にいえば、**投資対象から得られるリターン**（利益）**を、金融機関と投資家でぶん取り合う関係になってしまう**ということです。

燃費が良い車を教えてくれる親切な自動車屋さんや、美味《おい》しい料理やお酒のことを教えてくれる親切なレストランの店員さんとは違い、金融機関の人はいくら親切だったとしても、本質的に、利益を取り合う相手なのだということを覚えておいてください。金融機関の人が親切に教えてくれた金融商品は、もしかしたら、あなたではなく金融機関の方が儲かる商品なのかもしれないのです。

だから、普通のモノやサービスと違い、こと投資に関しては、プロにすべて任せるのではなく、最低限のことは自分で学んで行うべきものなのです。

金融機関の人と投資家の間に利益相反関係があるのであれば、なんのしがらみもない投資家同士で投資のことを教え合うことにはスッキリとした合理性があります。

ちょうど、今あなたが「個人投資家が書いた本」を読んでいるように。

投資のことを学ぶといっても、なにも難しいことはありません。

大人であれば誰だってできるやり方があります。

それがインデックス投資です。

本書ではインデックス投資について、経験を交えながら順を追って解説していきますが、**投資未経験者のかたは、まず、コミックだけ第1話から第4話（最終話）までを続けて読んでいただくことをおすすめします。**そうすれば、この投資法のイメージがわくと思います。その後にじっくりと本文に目を通していただけると、より理解が深まるでしょう。

『お金は寝かせて増やしなさい』もくじ

プロローグ

私がたどり着いた「寝かせてお金を増やす方法」

第1章

金融のど素人でもプロと互角以上に戦える「インデックス投資」

第2章 寝かせて増やすインデックス投資の実践法

第3章 おすすめの金融機関とNISA・iDeCoの実践ガイド

第4章 始めるのはカンタンだけど続けるのは意外と難しい

第5章 涙と苦労のインデックス投資家20年実践記

第6章　貴重情報！ インデックス投資の終わらせ方

※本書で示した意見によって読者に生じた損害及び逸失利益について、著者、発行者、発行所はいかなる責任も負いません。投資の決定はご自身の判断でなさるようお願いいたします。

第1章

金融のど素人でも
プロと互角以上に戦える
「インデックス投資」

インデックスファンドは「投資信託」の一種

プロローグで、インデックス投資とは「世界中に分散したインデックスファンドを積み立て投資して長期保有すること」と書きました。本当にこれだけなのですが、それにしたってはじめはなんのことだかわからないと思います。

インデックスファンドは、「投資信託《とうししんたく》」という金融商品の一種なのですが、そもそもその投資信託とはなにか。

投資信託とは、私たち投資家から集めたお金をひとつの大きな資金としてまとめ、運用の専門家が株式や債券などに投資・運用する金融商品です。

投資信託はその運用先が株式や債券であり、株式や債券の価格変動によって、投資信託の値段（「基準価額《きじゅんかがく》」といいます）は変動します。

預貯金は少なくとも名目上は減ることはありませんが、投資信託は運用がうまくいけば値上がりして利益を得られる一方、運用がうまくいかなかった場合は、値下がりして損をすることもあります。投資信託は元本が保証されている金融商品ではありません。

投資信託の基準価額が値下がりして損をするのは投資家だけで、運用会社は損をしません（ここは重要なポイントですよ！）。価格変動のリスクは投資家がすべて負います。そのかわり、**基準価額が値上がりした場合は、利益はほぼすべて投資家のものになります。**

それでは、投資信託のメリットはなんでしょうか。次の3点です。

①少額から購入できること
②たくさんの銘柄の株式や債券に分散投資できること
③運用に携わる金融機関が破たんしても資金が守られていること

投資信託のメリット①

少額から購入できる

「投資なんてお金持ちがするもので、自分には関係のない話」だと思っている方々がいらっしゃるかもしれません。しかし、それはもう時代遅れのイメージに過ぎません。

投資信託は1万円から始めることができます。証券会社によっては、5000円や1000円、すごいところだと、100円から購入できるところもあります。

大事なことなのでもう一度言います。

投資信託はたった100円で始められるのです。 もうこれは「投資なんてお金持ちがするもの」などという言い訳はできません。金額的には、大人であれば誰だって始めることができるはずです。

この投資信託の最低購入金額のハードルの低さは、世界的にも日本が進んでいる部分だと思います。**世界中を見回しても、100円から投資信託を購入できる国はそうそうないでしょう。私たち日本の投資家は、海外の投資家よりも投資のハードルが低く、恵まれた環境にあると言えます。**

にもかかわらず、日本の個人は投資信託をほとんど活用していません。米国の個人の投資信託保有比率が11・9%であるのに対して、2023年3月末時点で日本の個人はわずか4・4%しかありません。株式を含めると米国の個人保有比率が51・3%もあるのに対して、日本の個人は15・4%しかありません（日本銀行調査統計局「資金循環の日米欧比較」2023年8月25日より）。

そこには、「投資はお金持ちがするもの」という誤ったイメージが悪さをしている面が大きいと私は見ています。これでは、海外の投資家に「MOTTAINAI（モッタイナイ）」と言われてしまいます。

投資信託のメリット②

たくさんの銘柄の株式や債券に分散投資できる

あなたがある会社の株式を買ったとします。もし、その会社が倒産したら、株式は紙くずとなって資産は一気にゼロ円になってしまいます。そうならないように、資産をいくつかに分けてリスクを分散させるのが投資の基本です。

投資信託は、何十から何百、何千もの銘柄に簡単に分散投資できます。また、株式だけでなく、債券、不動産と複数にまたがる資産に分散投資することもできます。運用会社が、投資家から集めた数十億円、数百億円規模の大きな資金を使って、私たち個人ではとうていできないような大規模な分散投資をしてくれます。

また、**個人では投資しにくい国や地域にも分散投資することができます。**

たとえば、米国や日本のような先進国だけでなく、インドやブラジルといった新興国の株式にだって、簡単に分散投資できます。個人投資家にとって、投資信託は手軽に分散投資を実現できる有力な道具だといえます。

「卵はひとつのカゴに盛るな」という有名な投資の格言があります。

たくさんの卵を持ち運びたいときに、ひとつのカゴに盛ると、もしそのカゴを落とした場合には、すべての卵が割れて全滅してしまうかもしれない。でも、複数のカゴに分けて卵を盛って運べば、そのうちのひとつのカゴを落としてしまってカゴの卵がすべて割れてダメになったとしても、他のカゴの卵は影響を受けずにすむ……という話です。

特定の銘柄だけに投資をするのではなく、複数の銘柄に投資した方がよいという教えです。

先ほど出てきた、株式、債券、不動産といった資産の種類のことを「**資産クラス**」といいます。**インデックス投資においては、資産クラスのなかでも市場規模が大きな株式と債券を中心に分散投資するのが基本です。**

投資信託のメリット③

運用する金融機関が破たんしても資金が守られる

投資信託は、販売会社、運用会社、信託銀行という3つの金融機関が運用に携わりますが、そのいずれが破たんしたとしても、投資額にかかわらず投資した資産は制度的に守られています。

販売会社は、私たち投資家が投資信託の取引をするときの窓口となって、私たち投資家とお金をやりとりしますが、そのお金は信託銀行が信託財産として管理をします。**仮に販売会社が破たんしたとしても、私たちのお金には影響はありません。**

運用会社は投資家から集められたお金の運用を行いますが、運用の指示をするだけで、信託財産の管理は行っていません。お金は信託銀行が信託財産として管理をします。**仮に運用会社が破たんしても、私たちのお金には直接的な影響はありません。**

信託銀行は私たちから預かった信託財産を管理しますが、信託財産は信託銀行自体の財産とは分別管理することが法律で義務づけられています。**仮に信託銀行が破たんしても、信託財産に影響はありません。**

要するに、3つの金融機関のどこが破たんしても大丈夫というわけです。

ところで、世の中には投資信託ではない「ファンド」がたくさんあります。

たとえば、「匿名組合」という仕組みを使った和牛ファンドであったり、ワインファンドであったり。あやしいファンドはあやしい末路をたどるものですが、投資対象の値下がりではないのに、投資家のお金が1円も返ってこない（返ってきてもほんの一部だけ）という案件も多くあります。

一方、投資信託は、投資家のお金が守られる仕組みが何重にもあります。投資信託ではないファンドの儲け話が来ても相手にしないことです。**あやふやな感じの「ファンド」やら「投資ファンド」の話で、投資信託かどうか見分けがつかなければ「それは投資信託ですか？」とはっきり聞いてみるとよいと思います。はっきり答えない場合はその話は聞かないことです。**

「専門家が運用してくれる」のはメリットにならない？

世の中の投資信託の解説本を見ると、投資信託のメリットとして専門家による運用をあげるものが数多くあります。

しかし、これについては、実際の運用成績に目を向けるとメリットとはいえないと断言します。投資信託の運用者は運用のプロであるのは間違いないのですが、リターンをあげるという意味ではプロとは言えません。

大半の投資信託が市場平均のインデックスに負けてしまうという結果が、古今東西明らかになっています。プロなのに平均に勝てないというのは、おそらく皆さんの直感とは逆だと思いますが、「事実は小説よりも奇なり」です。

では、投資信託にはデメリットはないのか？

光あれば影あり。もちろん、投資信託にも次の2つのデメリットがあります。

投資信託のデメリット① 持っているだけで手数料がかかる

投資信託には各種の手数料がかかります。主には、①購入時手数料、②運用管理費用（信託報酬）、③信託財産留保額の3つです。

なかでも、②運用管理費用（信託報酬）は、投資信託を持っている間は、毎日かかる手数料です。毎日かかるので、長期保有しても影響を薄めることができないため、リターンを直接押し下げる要因になってしまいます。

そのため、インデックス投資では、運用管理費用（信託報酬）ができるだけ低い投資信託を選ぶことがとても重要になってきます。

なお、①購入時手数料は、一時的な手数料なので投資信託を長期保有することで影響を薄めることができるうえに、③信託財産留保額とともに0％のインデックスファンドがあるため、これを選べば問題はありません。

投資信託のデメリット②

すぐに大儲けはできない

投資信託は、たとえばある会社の株式を1銘柄だけ持っているときと比べると、価格の上昇や下落が緩やかです。それはメリットのところにあった「分散投資」の効果でもあるのですが、裏を返せば、宝くじのように人生を一発で逆転するような大儲けはすぐにはできません。

大きな利益を上げるためには、何十年といった長い時間がかかります。

ただし、長い時間をかければ、着実に資産形成をすることができます。

それも、やり方次第では、ほとんど手間をかけずに可能なのです。

投資信託の99％は不要！

少額からたくさんの銘柄に分散投資できて、制度的にも手厚く守られている初心者向きの金融商品ですが、手数料がかかるので、できるだけ低コストなものを選ぶ必要はあります。「投資信託」はそんな金融商品です。

現在、日本には約6000本もの投資信託があります。

この数、なんと日本の上場企業数よりも多いのです。

たくさんの銘柄をまとめて分散投資できることが特徴の投資信託の数が、投資対象である上場企業数よりも多いのですから、普通に考えたら、これはある種の異常事態です。

これは、過去、数十年にわたって金融業界が似たような新規設定投資信託（しかも、大半がロクでもないもの）を粗製乱造《そせいらんぞう》して、個人投資家に新商品として乗り換えをすすめ**「回転売買」**をさせて、購入時手数料の手数料稼ぎをしてきた名残です。

まったくなげかわしい過去の黒歴史なのですが、これから皆さんは、実際に600 0本もあるなかから自分に必要な投資信託を選ばなくてはいけません。

「そんなにたくさんあるなかから、どれかを選ぶなんてできない！」

はい、そう思われるのは当然です。

ところが、実はインデックス投資においては、これがすごくカンタンなのです。

結論から言うと、買うのは「インデックスファンド」だけです。

投資信託には大きく分けて、**「インデックスファンド」**と**「アクティブファンド」**の2種類があります。

インデックスファンドとは、各種指数（インデックス）に連動する運用成果を目指す投資信託です。各種指数には、日経平均株価やＴＯＰＩＸ（東証株価指数）、ＭＳＣＩ

コクサイなど株式市場の動向を表すインデックスや、野村ＢＰＩなど債券市場の動向を表すインデックスなどがあります。多くの場合、「市場平均」を表しています。国内外の株式・債券・不動産など主要な各資産クラスには、それぞれインデックスがあります。

インデックスファンドは、これらインデックスの動きにぴったり連動するように運用されます。たとえば、国内株式のインデックスであるＴＯＰＩＸが１日で３％上昇すれば、インデックスファンド（ＴＯＰＩＸ連動）も３％値上がりし、逆にＴＯＰＩＸが１日で１％下落すれば、インデックスファンド（ＴＯＰＩＸ連動）も１％値下がりします。

一方、アクティブファンドとは、インデックスを上回る運用成果が得られるように、専門家が投資先や売買のタイミングを判断して運用を行う投資信託です。

アクティブファンドのほとんどがインデックスに勝てない皮肉な現実

アクティブファンドはインデックスを上回ることを目指すのだから、アクティブファンドの方がインデックスファンドよりも儲かる気がしませんか。直感的にはそういう感じですよね。

ところが、事実は直感と違い、インデックスファンドの方が圧倒的によい運用成果を上げているのです。

S&Pダウ・ジョーンズ・インデックス社の2023年6月末時点の調査では、国内株式クラスのアクティブファンドのインデックスに対する勝率は、1年で17%、5年で7%、10年でも16%しかありません。**つまり、アクティブファンドの80~90%はインデックスに負けているということになります。**

インデックスが市場の平均だとすると、アクティブファンドの勝率は半々の50%程度になると思いませんか。だって平均なのですから。しかし、実際は80~90%のアクティブファンドがインデックスに負けてしまうのです!

この傾向は日本だけではありません。世界的に同じ結果が出ています。

表1　世界のアクティブファンドの勝率（10年）

国名	アクティブファンドの勝率
アメリカ	14.4%
オーストラリア	20.9%
カナダ	5.4%
ヨーロッパ	7.2%
インド	38.8%
ブラジル	7.7%
チリ	7.0%
メキシコ	15.0%
南アフリカ	30.8%

S&P ダウ・ジョーンズインデックス SPIVA Jun30, 2023 より著者作成

同じくS&Pダウ・ジョーンズ・インデックス社の2023年6月末の調査によると、米国におけるアクティブファンドの勝率は、1年で39%、5年で13%、10年で14%であり、日本とほぼ同様の悲惨な結果となっています。

ちなみに、このS&Pダウ・ジョーンズ・インデックス社の調査では、他の国々は表1のような勝率になっていることがわかります。

世界中で、大半のアクティブファンドがインデックスに負けています。

私たちはインデックスの「市場平均」という語感から、インデックスファンドをついリターンも平均的な

しょぼいものと思ってしまいますが、実際は直感に反して、アクティブファンドの方がしょぼいものが多いのです。

アクティブファンドがインデックスに負けてしまういちばんの理由は、手数料（コスト）が高いことだと言われています。

金融庁が公表している「資産運用業高度化プログレスレポート２０２３」によると、運用管理費用（信託報酬）については、アクティブファンドが平均年率１・52％に対してインデックスファンドは平均年率０・55％となっており、アクティブファンドがいかに高コストであるかがわかります。

一方、インデックスファンドは低コストです。

具体的に見てみると、たとえば、国内株式インデックスファンドの「ｅＭＡＸＩＳ《イーマクシス》Ｓｌｉｍ《スリム》国内株式インデックス」（運用会社：三菱ＵＦＪアセットマネジメント）の運用管理費用（信託報酬）は年率０・１４３％です。

前述のとおり、アクティブファンドは平均運用管理費用（信託報酬）が年率１・52％です。

単純計算するだけで10倍以上の手数料（！）が毎日、毎日、投資信託の信託財産のなかから抜き取られているのです。これでは、儲かるものも儲かりません。

図2　インデックスファンドとアクティブファンドの運用管理費用の比較

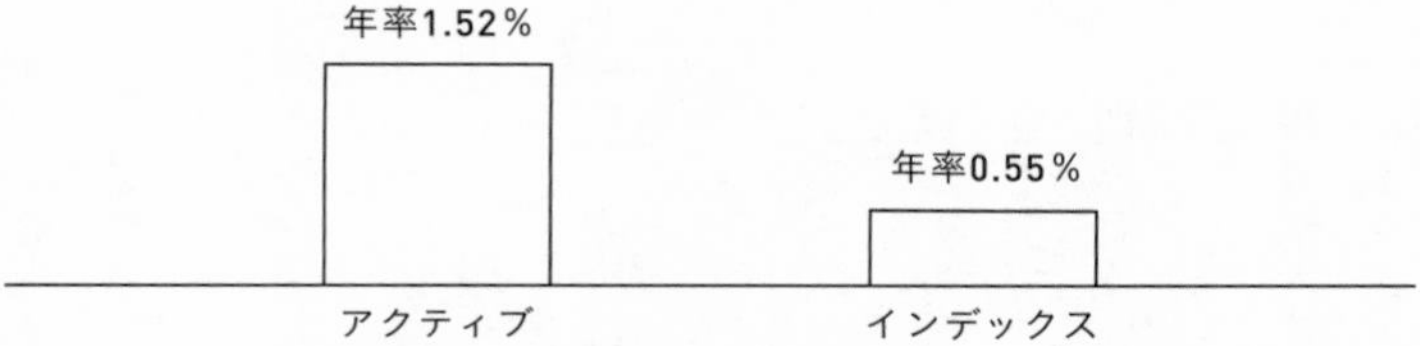

金融庁「資産運用業高度化プログレスレポート2023」より著者作成

たしかに、ある時点を切り取って見れば、インデックスを上回るアクティブファンドも必ず存在します。それを見つければよいという考えを持つ人もいます。

しかし、ひとつの時期に好成績を上げたファンドも、次の時期にはひどい結果に終わることが多いのが厄介なのです。

インデックスを上回るアクティブファンドの顔ぶれは毎年変わる（かつ激しく入れ替わる）ため、毎年インデックスを上回り続けるアクティブファンドを探すことは、労力に見合わない徒労に終わることになります。

先ほど「投資信託のメリット」のところで、「専門家が運用してくれる」という点について、実際の運用成績に目を向けるとメリットとはいえないと書きましたが、このような理由からです。

運用の専門家の大半が市場平均を上回れないのであれば、そんなものは専門家とはいえませんし、そんな成果しか出せない商品群ならば、まるごと見送ってしまってさしつかえないと思います。

『ウォール街のランダム・ウォーカー』では、よいアクティブフアンドを探すことについて、**「投資家は干草の山のなかから1本の小さな針を見つけ出すような無駄な努力をすべきでない」**と説いています。私も実際にいくつかアクティブファンドを購入して試してみました。数年間保有しましたが、いずれも残念な結果に終わりました。

基本はひたすら「積み立て投資」

さて、インデックスファンドがよいことがわかったところで、それをどのように買えばよいのでしょうか。インデックスファンドの購入方法については、本書では**「積み立て投資」**をおすすめします。

積み立て投資は、定期的に、たとえば毎月、一定金額で同一の投信を購入することを継続します（これを**「ドルコスト平均法」**といいます）。

毎月購入するので、購入価格が平準化され、市場が最高値のときにまとめて投資してしまうことや、最安値のときに買い損ねてしまうことを避けることができます。

また、市場が変動していくなかで、毎月同じ金額で購入していくので、株価が高いときには少ない量の投信を買い、株価が低いときには多くの量の投信を買うことになります。そのおかげで、一定の数量を定期的に購入する方法よりは平均購入価格を下げることができます。

もうひとつ、積み立て投資のベースとなる重要ポイントがあります。積み立て投資は、買い方の説明しかありません。買いと売りをセットにして売買を重ねる投資法ではありません。

基本的に買い持ち（**バイ&ホールド**）**が特徴です。**

つまり、寝かせて増やすわけです。

当然、投資対象は買い持ち（バイ&ホールド）でも利益が出るものが合っています。投資対象が個別株の単一銘柄では、倒産して無価値になってしまう可能性があります。企業の業績や株価をつねにチェックし、状況に応じて売買する必要があり、そう簡単に寝かせておくわけにはいきませんが、たとえば、投資対象が「世界経済」だったらどうでしょうか。

世界全体が同時に崩壊してまったくの無価値になってしまうことはあり得ません。

つまり、**世界中に分散された株や債券のインデックスファンドこそ、積み立て投資**

に最適なのです。

いざ始めてしまえば、やることはほとんどない！

積み立て投資ですが、証券会社の「**投信自動積み立てサービス**」を利用することができます。このサービスを使えば、あなたが買い注文を出さなくても、毎月同じ投信を同じ金額、自動的に購入してくれます。

一度積み立てする銘柄と金額を設定すれば、それ以降は、毎月の購入についてはなんの手間もかかりません。株価チャートに張り付く必要もなければ、企業の財務諸表を分析する必要もありません。毎月の購入作業は証券会社が自動でやってくれます。

本当に「楽ちん」ですね。

ところで、「積み立て投資」（ドルコスト平均法）はタイミングを図って売買することと比べて有利なのでしょうか。これについては、べつに有利でも不利でもないと言わざるを得ません。いくら購入価格が平準化されるといっても、一方で、投資タイミングを無視しているので、相場動向次第では、事後的に見れば投資すべきでなかった時期に、買い続けてしまうということはあり得ます。

もし、適切な投資タイミングがわかればそれに越したことはありません。「相場の底」で一括購入して、「相場の頂点」で一括売却すれば、効率的にリターンを上げることができるでしょう。

しかし、この適切なタイミングで売買するのは「言うは易《やす》し、行うは難《かた》し」の典型で、とても難しいことです。

なにしろ、アクティブファンドはプロが適切な銘柄を適切なタイミングで売買して、インデックスを上回る収益を目指す運用をしているのに、皆さんもうご存じのとおり、アクティブファンドの80〜90%はインデックスのバイ&ホールドに勝てないという厳しい事実があるからです。

プロでも難しいことをあなたはできるという合理的な理由があるならば、そうしたらよいと思います。

結局、市場の動向を予測して投資タイミングを読めでもしない限り、必ず有利になる投資方法などないと割り切るべきだと私は考えます。「投資なんて安いときに買って、高いときに売ればいいんだから簡単だ」というようなことを言う人はたくさんいますし、事後的に見ればそう見えるのは十分にわかります。一方で「できもしないことをできるという前提に立って大口をたたいているだけ」の可能性がつねにつきまといます。

資産運用というと、資産を「売買すること」というイメージをお持ちの方がいらっしゃるかもしれませんが、基本的には、資産運用は資産を「持っていること」です。

少額からたくさんの銘柄に分散投資できて、制度的にも手厚く守られている金融商品である投資信託。そのなかから、手数料が低いインデックスファンドを選び、それを毎月積み立ててバイ&ホールド。

それが『ウォール街のランダム・ウォーカー』が50年前から推奨する世界標準のスタンダードな投資法であり、私もおすすめするインデックス投資です。

なぜ、銀行や証券会社はインデックス投資をすすめないのか？

そんなによい方法なら、私たち個人の間でインデックス投資のことがもっと知られてもいいはずです。**銀行や証券会社の窓口やアドバイザーの人たちは、自分の顧客になぜインデックス投資をおすすめしないのでしょうか？**

理由は簡単。インデックスファンドが「低コスト」だからです。

私たち個人にとって低コストということは、裏を返せば、金融機関は低利益ということでもあります。金融機関はインデックスファンドをいくら販売してもあまり儲からないのです。

金融機関も営利企業なので、利益を出さなければ存続できません。投資信託を販売するのに同じ手間をかけるなら、あまり投資家から利益をぶんどれない投資信託（多くのインデックスファンド）よりも、投資家からたっぷり利益をぶんどれる投資信託（多くのアクティブファンド）を売った方が、ビジネスとしての効率がいいのです。

投資信託を投資家に売って購入時手数料をいただいてしまえば、あとはその投資信託が値上がりしようが値下がりしようが、金融機関としてはあまり関係がありません。なにせ、投資信託の値下がりリスクはすべて投資家が負うのですから。

私たちがインデックス投資に使うようなインデックスファンドは、購入時手数料も信託財産留保額も基本的にゼロ。運用管理費用（信託報酬）もきわめて低いものになっています。

金融機関には、そんな薄利な商品よりも利幅がたっぷり取れる商品（投資家側の利益が削られる商品）が山のようにあるのです。しかも、毎年のように手を替え品を替え、増えていく傾向にあります。金融機関の広告や窓口でのおすすめ商品が、それら利幅の厚い商品が中心となるのは自然なことです。

残念ながら、銀行も証券会社もあなたの資産を増やすことよりも、自社の利益を増やすことに熱心です。でもそれは、営利企業として当然の行動であり、嘆いていても仕方がありません。では、どうすればよいか？

それは、私たち投資家側が少しだけ賢くなり、店の奥の方（あるいはWEBサイトの奥の方）にしまわれている低コストなインデックスファンドを、「自分で選びにいく」という姿勢を持つことです。**向こうから積極的にすすめてくるものは、いっさい相手にしないことです。**

私自身、この十数年間、銀行や証券会社から送られてくるダイレクトメールや、金融機関主催のセミナーですすめられた金融商品を買ったことは一度もありません。すべて、自分で選んだインデックスファンドのみで運用しています。

この本を読み終わる頃には、きっとあなたもそうなっているはずです。

第2章

寝かせて増やす
インデックス投資の実践法

インデックス投資を始める前に最低限しなくてはいけないこと

それでは、私が実践しているインデックス投資のやり方をお伝えしたいと思います。

……と言いたいところですが、投資を始める前にやっておきたいことがあります。

それは……**家計の状態を把握すること**です。

「ええ～つまらない！」と思われるかもしれません。

しかし、毎月の生活費が収入を越えているような状態は、いわば底に穴が開いているバケツのようなものであり、どんなに効率よく水を足しても（効率的な投資をしても）水はたまりません（資産は増えません）。

もしかしたら、インデックス投資で資産を増やして、赤字の家計を一発逆転でプラスにしたいと思う方もいらっしゃるかもしれません。しかし、インデックス投資での資産形成は、手間がかからないかわりに長い時間がかかるものなので、一発逆転の大儲けを狙《ねら》うのはなじみません。

家計の状態を把握するといっても、毎日、家計簿をキッチリつける必要はありません。ざっくりとした1カ月の生活費が把握できれば十分です。

私がやった簡単な方法は、ある月に銀行口座に給料（収入）が入ってから、ちょうど1カ月後にそれがいくら残っているかを見る方法です。冠婚葬祭などの突発的イベントもあるので、2〜3カ月見ておけば、だいたいの生活費が把握できると思います。

そして、給料（収入）の残高がプラスになっていれば、まずはよしとしましょう。

もし、残高がマイナスならば、それは赤字の家計となっています。投資などしている場合ではありません。そのままの生活を続けていると、いずれ家計が破たんしかねません。なるべく早く生活を見直すことが大切です。

生活費の見直しは、金額が大きな部分から、不動産→保険→車→水道光熱費→……といった順番に行うのがよいのですが、節約は本書の趣旨ではないので、そこはファイナンシャル・プランナーなど節約のプロにお任せしたいと思います。

次に必要なことは「**生活防衛資金**」を貯めることです。

「なんだよ、まだ投資に入らないのかよ！」とお怒りかもしれません。

しかし、この生活防衛資金は、インデックス投資に限らず、投資を始める前に必ず必要なお金であると考えます。

『ウォール街のランダム・ウォーカー』においても、「財産の健康管理のための10カ条」の第1条は「元本を蓄えよ」です。財産を増やす原動力は、大化けする株や投資信託ではなく、あなたの「貯蓄」であると説いています。

なにが起きても自分と家族を守るお金「生活防衛資金」

生活防衛資金とは、リストラ・長期入院・災害などなにが起きても、自分と家族の生活をしっかり守るためのお金です。目安としては、「生活費の2年分」を、銀行預金など流動性の高い金融商品で確保することが望ましいと考えています。

「生活防衛資金」とは、いかついネーミングですが、これは、2000年に投資自体を始めた頃に読んだ本『**投資戦略の発想法――ゆっくり確実に金持ちになろう**』（木村剛著）で述べられていた考え方です。

「世の中でなにが起きようが、会社が倒産しようが、クビになろうが、絶対に自分と

家族の生活を守るという一点をベースにして、投資戦略を考えるべきなのです」という考え方に強く賛同するとともに、「職を失うというリスクに対しては、最低2年はみておきたい」という目安を妥当だと考えたため、自分の投資戦略として採用したものです。

世の中の投資本でも、生活防衛資金にあたる余裕資金を持つべきだという話はよく出ています。ただし、金額に関しては、給料の3カ月分とか半年分とか1年分とか、まちまちです。

しかし、2011年に実際に起きた東日本大震災のことを思い出すと、まず避難所に避難しますが、生活の再建には、食料の確保に始まり、けがの治療、居住地の確保、仕事への復帰など、いろいろな段階を踏む必要がありました。生活の再建に1年を超える長期化を余儀なくされる場合も容易に想像できます。

もちろん、国や自治体などのサポートもあるでしょうし、状況は人それぞれでしょうから、一概には言えないとは思います。もし自分だったらと考えると、自分と家族の生活を立て直すのに、少なくとも給料の3カ月分や半年分では心もとないと感じました。

少なめの生活防衛資金でよいという意見には、「いざというときは投資商品を躊躇《ちゅうちょ》なく売却して生活費にあてればすむこと」という理由が付いている場合があります。これはリストラや長期入院など個人的問題には有効だと思います。

でも、大災害の場合、着の身着のまま避難所に逃げてきた人たちにとって、電気やガスといったライフラインがダメージを受け、電話も通じないようななか、証券会社の株や投資信託を売却して、その資金を銀行口座に送金して、それをどこかの金融機関窓口から引き出すというのは、現実的ではありません。

これは個人的な印象ですが、金融業界にしがらみが多い専門家ほど、必要な余裕資金を少ししか見積もらない傾向があるように思います。金融業界側からすれば、個人投資家が生活防衛資金を多く貯めだすと、株式や投信などの金融商品にとりこめる資金が少なくなってしまうことになりますので、無理もない話だと思います。

でも、個人にとって大切なのは自分と家族の生活です。金融業界側の意向はこの際放っておいて、安全サイドで考えていきたいものです。

では、生活費の2年分が貯まらないと一切投資を始めてはいけないのかというと、そんなことはありません。「生活防衛資金を貯めながら投資をすればよい」のです。

たとえば、毎月の収入から、2万円投資できる方であれば、1万円を生活防衛資金の預貯金に、残りの1万円をインデックスファンドの積み立てに回すといった感じです。

ただし、本当は貯めておくべき生活防衛資金が十分にないなかでの投資となるので、自分自身のリスクに対する耐性も半減していると考えるべきでしょう。

ですから、生活防衛資金を貯めながらの投資は、自分が思っているよりもずっと保守的に考えて、できるだけ安全サイドに倒した内容にすることを心がけるとよいと思います。

100年に一度の金融危機のなかでもぐっすり眠ることができた理由

さて、誰もが耳の痛い（？）生活防衛資金の話が続きましたが、ご安心ください。

朗報が2つあります。

ひとつは、**生活防衛資金は「年収」ではなく「生活費」の2年分です。**節約して生活費を下げれば、必要な生活防衛資金もぐっと下がるということです。

たとえば、月20万円で暮らしている世帯が必要な生活防衛資金は４８０万円（20万円×24ヵ月＝480万円）にもなりますが、節約して月15万円で暮らせるようになれば、それが360万円（15万円×24ヵ月＝360万円）ですむようになります。

節約の力は偉大ですね！

もうひとつは、私が実際に資産運用をしていて実感したことなのですが、**生活防衛資金は、私たちの生活を守ってくれるだけでなく、心の安定も守ってくれるという副次的効果がある**ことです。

実際、2008年のリーマン・ショックに端を発した「100年に一度」と言われた世界金融危機のときでさえ、市場の阿鼻叫喚《あびきょうかん》のなかで私がなに食わぬ顔で夜ぐっすり眠れたのは、たっぷりと確保してあった生活防衛資金のおかげだと本当に思います。

むしろ、普段の生活のなかでは、こちらの副次的効果の方が生活防衛資金の主目的であると言っても過言ではないくらいです。

さて、家計を把握し、生活防衛資金を準備したら、いよいよインデックス投資に入りますが、ここからしばらく、**少しだけ難しいかもしれない「リスク」のお話**が出てきます。

すぐにでも口座を開いてインデックス投資を始めたい気持ちをグッとこらえて、おおまかな概念だけでも知っておいてください。

なぜなら、リスクを理解しないまま投資をしてしまうと、かつての私のように、投資の損益状態に毎日の生活が振り回されてしまったり、投資を続けることができなくなってしまったり、将来、リタイアして収入が細っている状態のなかで取り返しのつかない大損をして「こんなはずではなかったのに……」という後悔のなかで寂しい老後を送ることになってしまいかねないからです。

えらいこっちゃです。

インデックス投資を理論的にサポートする「現代ポートフォリオ理論」なるものが、『ウォール街のランダム・ウォーカー』では詳しく解説、検証されているのですが、要するにこの理論の究極の目的は、「**リスクを効率的に減らして管理すること**」なのです。

リスクの話は超・大事！

できるだけわかりやすく説明するので、ぜひぜひお付き合いください。

インデックス投資でいちばん大切なのは自分のリスク許容度を知ること

私は、インデックス投資においていちばん大切なことは、「自分のリスク許容度を知ること」だと思っています。

リスク許容度とは、投資家の許容できるリスクの範囲のことで、資産運用で発生する損失を1年間でどの程度受け入れられるかの度合いを言います。

〇〇%という率で表したり、〇〇万円という額で表したりします。

言い換えれば、「**最悪の事態を想定する**」ということでもあります。

「まだ始まってもいないのに、なぜわざわざ最悪のことなんか考えなければいけないんだ?」と思われる方もいらっしゃると思います。ごもっともです。

ストレスに苦しむ現代人の悩みを解決する方法を教える古典的名著『道は開ける』(デール・カーネギー著)では、「悩みを解決するための魔術的公式」として「最悪の事態を覚悟する」ことの効用を述べています。

人間というのは面白いもので、**一度最悪の事態を覚悟してしまうと、逆に心が落ち着いてくる**というのです。しかも、あとはその範囲内の出来事ならなんなくやり過ごせるようになるものです。

インデックス投資でバイ&ホールドをする場合にも、これが応用できます。**自分のリスク許容度を把握し、最大損失がその範囲に収まるような運用をすれば、あとはゆっくり寝かせておくことができます。**

リスク許容度は、その人の仕事の収入、年齢、家族構成、性格まで関係してくるので、人それぞれ違って当然のものです。「多少の損失は気にならないよ」という人もいれば「1円でも減ったら嫌!」という人もいます。また、「今は子どもの教育のお金がかかるから無理はできないけれど、あと5年経てばちょっと冒険してもいいかも」というように、それぞれのライフステージによっても変わってくるものです。

ファイナンシャル・プランナーやロボ・アドバイザーが「あなたに最適なポートフォリオを提案します」と契約を迫ってくるかもしれませんが、あまり期待できません。「あなたの100万円がいくらまで減ることを許容できますか?」という質問に対して、①1円も減らしたくない、②5万円までなら許容できる、③10万円までなら許容できる、④30万円までなら許容できる、⑤50万円までなら許容できる、⑥いくら減っても気にならない、というように、結局はあなた自身が考えて答える必要があります。

肝心のリスク許容度はどうあがいても最終的には自分で考えることになるのです。

現時点の自分のリスク許容度を把握する方法は、「各自、最大限に想像力を発揮して」としか言いようがないのですが、把握するための考え方の事例をいくつか提示します。

自分のリスク許容度を知る方法

①年間の貯蓄可能金額の範囲内

前述の家計の状態把握でわかった月々の黒字金額から、年間の貯蓄可能金額を計算して、その範囲を「最大損失に耐えられる金額の目安」とする考え方です。たとえば、年間50万円貯蓄できる家計であれば、最悪の事態として年間50万円までの損失であれば1年でリカバリーできるのでよしとするといった具合です。

②公的年金を運用するGPIFが負っているリスクの範囲内

プロローグで書いたとおり、私たちの公的年金も資産運用されています。国民の老後資金の基本となる大切な年金資金ですので、学者や金融業界のプロたちによって、できるだけ安全かつ効率的な運用がされているはずです。**年金資金の運用でとっているリスクの範囲内であれば比較的安全なレベルではないか**という考え方です。

ちなみに、2020年度のGPIFの運用報告を見ると、年金資金の運用は年間12・3%というリスクをとっています。

金融の世界では年間リスクの2倍の損失をみておけば最悪のケースに備えられる可能性が高いと考えることが多いので、年間±24・6%となり、最悪で年間▲25%程度の損失を覚悟しておけばよいというリスク水準です。

これは比較的安全サイドに倒したリスク水準といえます。

③夜ぐっすり眠れるかどうか

『ウォール街のランダム・ウォーカー』では、リスク許容度の把握は、「科学というよりは芸術の領域に属する」として、人それぞれ違うことを強調しています。

「**本当にあなた自身にとって最適な資産構成になっているかどうかは、あなたがそれで夜ぐっすり眠れるかどうかにかかっている**」と説いています。

いずれにしても、リスク許容度は人それぞれ違うので、最大限、想像力を働かせて把握してみてください。

参考までに、私自身のリスク許容度は、現在は年間▲30％で、年齢とともにだんだん下がっていくと考えています。だいたい10年くらいの節目ごとに、自分自身のリスク許容度を再確認しています。

分散投資のスゴいところ

私が投資を始めたばかりの2000年頃のことを少しお話ししたいと思います。

当時まわりの投資家がみんなそうであったように、私も日本株の個別株投資をしていました。企業の財務諸表などを分析して投資を判断するファンダメンタル分析です。

「なにかよい銘柄はないか？」「買い時はいつか？」「売り時はいつか？」といつも考えていました。

そんな金銭欲が体からにじみ出ていたからか、あるとき、会社の取引先の中年男性が、どこで聞きつけたのか、

「水瀬君は株をやっているんだって?」

と株の話を振ってきました。

「ええ、まぁ……」などとお茶を濁していると――

「いいことを教えてあげよう。株で儲けたら、そのお金で東京電力株を買うんだ。儲けたら少しずつ東電を買い増していくんだ。株で長い間勝っているお金持ちはみんなそうしているんだよ」

――と声をひそめて教えてくれました。

当時の私は投資額も少なく、儲けたお金で「最低でも30万円近くする東電株なんて買えるかいな!」と思って聞き流していましたが、分散投資の「ぶ」の字も知らなかった私は、お金持ちの間ではそういうものなのかと信じてしまいました。

その後も「株の儲けで東電株を買い増す」という運用法を、あるときはマネー誌の「おすすめ投資法」として、またあるときは「大企業経理マン共通の必勝法」として、

またあるときは「近所のお金持ちの秘密」として、ちょくちょく見聞きしました。当時から東電株はディフェンシブ銘柄（値動きが小さい保守的な銘柄）の代表格でしたから、そういうセオリーのようなものがあったのかもしれません。

しかし、**当時は1株3000円近くあった東電の株価も、2012年には120円にまで暴落しました。直接的な原因は、言わずと知れた東日本大震災にともなう福島第一原子力発電所の原子力事故です。**

当時から約96％下落というのは、東電株に集中投資していた投資家にとっては、ほぼ再起不能なダメージだと思われます。その後も原発事故は収拾がついておらず、株価は低空飛行を続けています。くだんの「株で長い間勝っていた人たち」や「大企業経理マンたち」の話が本当ならば、その後彼らがどうなったのかが心配されます。

最近の社会情勢は、東京電力、日本航空、東芝のような超巨大企業でも、事故や事件で一気につぶれかねず、集中投資は危険であることを教えてくれています。**こうしたリスクを避ける（もしくは、できるだけ小さくする）ためには、分散投資で銘柄分散をすることが有効です。**

お金の世界で使われる「リスク」という言葉の意味

リスクの話が出ました。そもそも、リスクってなんでしょうか。

普段、私たちが生活やビジネスのなかで使うリスクという言葉は、「危険」や「危険度」といったようなマイナスの意味を持っています。「リスクを避けろ」というように使われています。「卵をひとつのカゴに盛るな」という格言も、卵が全部割れてしまう危険性についての教えです。

でも、面白いことに、金融の世界ではリスクの定義が少し違います。

金融の世界では、リスクとは、「将来の結果の不確実さ」のことを表します。

振り子が左右にブラブラ揺れているのを想像してください。

ちょこまかと小さく左右に揺れる状態を「リスクが小さい資産」だと思うとイメージしやすいかもしれません。反対に、ゆらーり、ゆらーりと左右の揺れ幅が大きな状態を「リスクが大きい資産」だと思ってください。

リスクは、この振り子の「揺れ幅」のことだと考えればイメージしやすいでしょう。

振り子の揺れ幅なので、右方向にだけ大きく揺れて、左方向にはまったく揺れないということはありません。高いリターンを期待できる資産は、同時に大きなマイナスを被《こうむ》る可能性と表裏一体であることも表しています。

将来の結果の不確実さという意味では、損する方向だけでなく、儲かる方向にも当てはまります。**リスクとは、損するマイナスの可能性であると同時に、得をするプラスの可能性でもあるのです。**実は、前述のリスク許容度のパートでも「±〇〇%」とプラスとマイナスの両方で表現していたのは、そういう意味だったのです。

「将来の不確実性」のリスクは数字で確実に表現できる

そしてこのリスク、定性的な概念ではなく、定量的に「数字」で表せます。

株式市場はふらふらと適当な値動きをしていて、一見予測不能です。金融のプロですら、その値動きを捉《とら》えて確実に儲けることはできないというのが現実です。

この捉えどころのない対象に対して、「統計学」の手法を使って、リスクを数字で表してみようと考えた人がいました。

図3　正規分布表

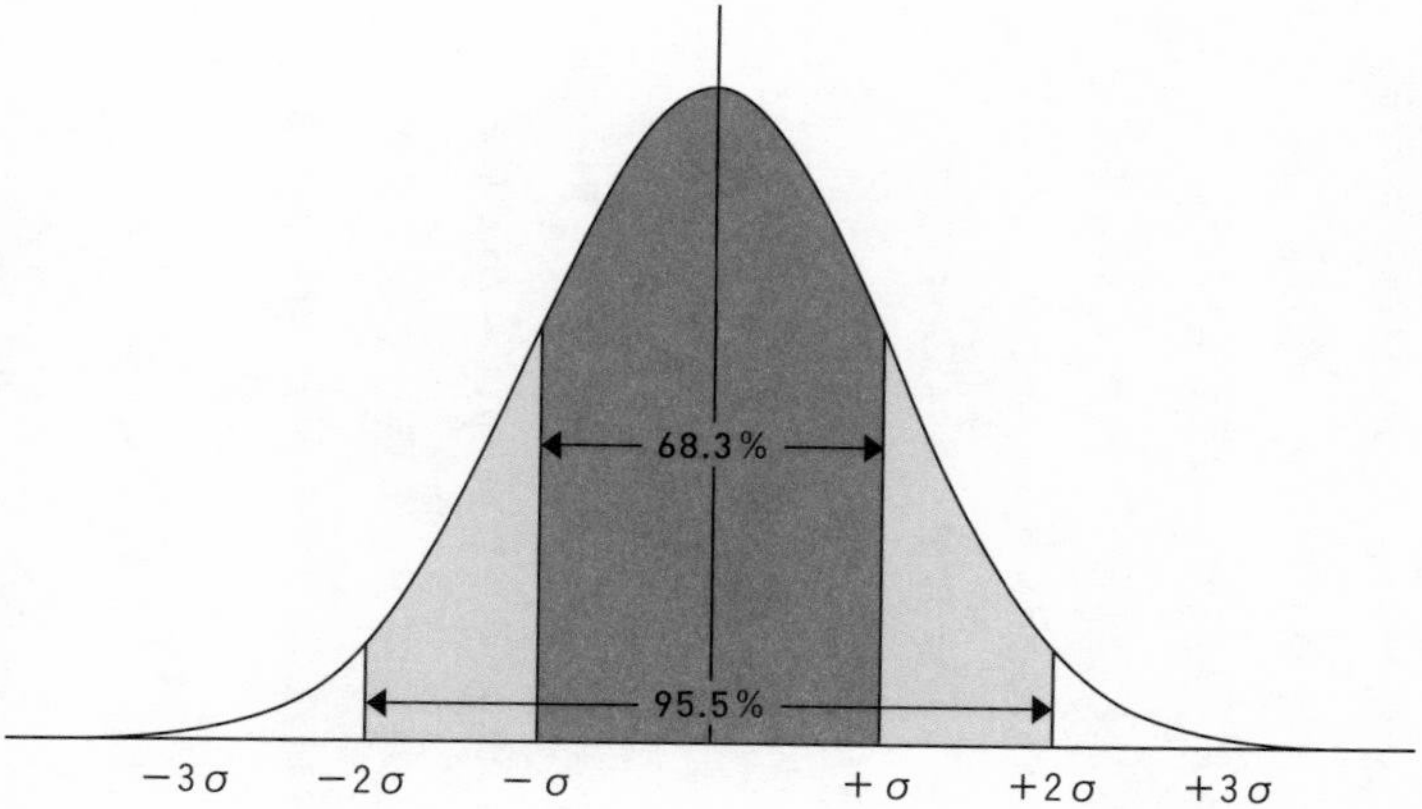

1σ（標準偏差）と−1σの間に68.3％、2σと−2σだと95.5％が含まれる。
両サイドに行くほど、発生確率が低い。

ちょっと難しい言葉ですが、「将来の結果の不確実さ」のことを統計学では「**分散**」といい、その度合いのことを「**標準偏差**」といいます。分散や標準偏差は、過去のデータさえあれば、数学的に計算ができます。

リスク（標準偏差）は「○○％」と数字で表せるのです。

たとえば、「リスク（標準偏差）10％」という投資商品は、1年後に、平均値から±10％以内に68・3％の確率で収まり（1標準偏差）、±20％以内に95・5％の確率で収まり（2標準偏差）、±30％以内に99・7％の確率で収まる（3標準偏差）と考えます（リターンは正規分布するという前提で考えます）。

期待リターンも数字でズバッと表現できる

でも、金融市場をリスク（標準偏差）だけで捉えることはできません。

もうひとつ必要になる指標が「期待リターン」です。

「期待リターン」とは、その投資対象に投資した場合に、1年後に実現する可能性が最も高いと考えられるリターンのことです。

期待リターン「+〇〇%」とこちらも数字で表せます。先ほどのリスクの説明で、「平均値から±10%以内に68・3%の確率で収まり……」という説明が出てきましたが、この「平均値」にあたる基準点が「期待リターン」です。

ただ、期待リターンはリスクのように過去のデータだけで計算できるというものではなく、過去のデータはもちろん参考にしつつも、将来の見通しや別の理屈も勘案するべき数字です。

推計方法は何通りかあり、これが正解というものはありません。

経済成長率やインフレ率を元にして推計する方法や、株式市場の益利回りをもとに推計する方法などがありますが、個人投資家がこれを推計することは難しいです。プロたちの予測を利用させてもらいましょう。

ただ、過去のある一定期間の実績リターンを、そのまま期待リターンにあてはめるのは不適切だということだけは覚えておいてください。相場が好調なときには高くなって「借金してでも投資しろ！」とか、相場が低調なときには低くなったり、ときにはマイナスになり「投資からは一切手を引いて預貯金だけにしろ」など、相場状況に左右され、一貫性のない投資に振り回されることになってしまいます。

いずれにしても、期待リターンを個人が自分で推計するのは難しいので、実際は、簡便法として年金基金などのプロが算出した期待リターンの数字で代用するのが現実的です。

私のインデックス投資仲間でも、公的年金のデータをそのまま使っている方から、複数の機関投資家のデータを平均して使っている方、プロのデータをもとに独自の味付けをしている方など、皆さん工夫しているようです。

インデックス投資は究極の分散投資

ここまで、リスクと期待リターンを見てきましたが、これがわかると、投資家が活用すべき**「分散効果」の地味なすごさ**がわかるようになります。

分散効果とは、簡単に言えば、値動きの違う投資対象を組み合わせることで、リスクを下げることができる効果のことです。違う値動きが相殺《そうさい》されて、マイルドな値動きになるということです。

「そんなの当たり前じゃん？」とお思いの方もいらっしゃると思いますが、話はここで終わりません。

たとえば、期待リターンが5％の投資対象が10銘柄あったとすると、これら10銘柄を組み合わせると、なんと期待リターン5％は「維持」したまま、リスク「だけ」を下げるという、投資家にとって実に都合のよいことが実現できるのです（リスクの下げ幅については相関係数というまた別の指標によりますが）。

ちなみに、期待リターンとリスクというパラメータを利用した分散効果の理屈は、米国のハリー・マーコウィッツの「平均分散アプローチ」（mean- variance approach）で統計的・確率的に解明されており、彼はその功績でノーベル経済学賞を受賞しています。理屈そのものに興味（あるいは疑い）がある方は、原典をひもといてみてください。

さて、難しい理屈はさておき、**金融市場において、「分散効果」のように誰もが簡単に再現でき、かつ強力に通用する法則は、実はそう多くありません。**

個人投資家がこれを使わない手はありません。

ここまでの話で、勘のよい方なら、「**もしかしたらインデックスって究極の分散投資対象なんじゃないの？**」と気づかれるかもしれません。

そのとおりです。

インデックス投資の投資対象であるインデックスは、平均株価であったり平均債券価格であったりするので、インデックスそのものが何十〜何千銘柄の株式や債券などに分散された成果物だといえます。

さらに、私が推奨するインデックス投資では、国内、先進国、新興国の各資産クラスのインデックスを組み合わせます。

インデックス投資は、「分散効果」を最大限に活用した投資法なのです。

では、いったいどんなインデックスの組み合わせがよいのでしょうか？

資産配分（アセットアロケーション）がすべての勝敗を決める

ここに、衝撃的なデータがあります。

「国内追加型公募投信の資産分配型ファンドにおけるポリシー・アセットアロケーションの説明力は、（1）リターンの時系列変動に関しては約90％、（2）ファンド間のリターン格差に関しては約70％、（3）ファンド間のリスク格差に関しては約95％、（4）リターン水準に関しては約95％である」

出典：小松原宰明「ポリシー・アセットアロケーションの説明力」

急に難しい言葉が出てきて「はぁ？」と思われたかもしれませんが、投資家の資産運用において、とても重要なことが書かれています。

要するに、**銘柄選択や投資タイミングではなく、資産配分によって投資成果がほぼ決まってしまう**ということなのです（正確には「ほぼ説明できる」ですが）。この論文以外でも、複数の論文で同様の研究結果が出ています。

実は、金融のプロの間では、このことはなかば常識になっています。銘柄選択とか売買タイミングが重要じゃないの?」という方、意外に多いのではないでしょうか。

でも、「え? そんな話聞いたことないよ。銘柄選択とか売買タイミングが重要じゃないの?」という方、意外に多いのではないでしょうか。

おそらく、この結論は皆さんの直感とはかなり隔たりがあると思われます。従来の投資法は投資タイミング(安いときに買い、高いときに売ること)を狙った売買で儲けようという話ばかりですから。

それが、投資タイミングよりも資産配分が重要というのですから、にわかには信じられないかもしれません。私もこの結論を初めて知ったときには、まだファンダメンタル分析で投資しており、日々、買い時の株はないか、目を皿のようにして追いかけていたので、本当に驚きました。

それと同時に、今まで自分が必死にやっていたことは、資産配分の視点で見れば、「国内株式100%」の運用であり、どんだけ偏っていたのか……と思い知らされ、頭をハンマーで殴られたようなショックを受けました。

にもかかわらず、金融機関やマネー誌が発信する情報は、「次に騰《あ》がる注目銘柄はズバリこれ!」とか「スゴ腕ファンドマネジャーの相場予測!」とかそんな情報ばかりで、資産配分の重要性についての情報など私たちの耳にはほとんど入ってきません。

これは、いったいどういうことでしょう？

それは、**金融機関が売りたい商品と、投資家が必要な商品が違うからです。**

金融機関は、投資家の資産配分がどうなっていようがお構いなしです。自社の利益となる商品、利幅が大きな商品をすすめるだけです。むしろ、投資家が資産配分の重要性に気づいてしまうと、自社が売りたいものが売れなくなるので都合が悪いのかもしれません。

一方、投資家が必要な商品は、本来、金融機関のおすすめ商品とは関係がありません。個々人が目指す資産配分をつくるために、必要な資産クラスの商品を自分で選んでいくのが本来の形です。

さて、「資産配分とやらが重要なのはわかったが、実際にどうやって決めればいいの？」という疑問が当然出てくると思います。

資産配分を決定する「ひとつの大前提」

インデックス投資の観点で、資産配分を丹念に研究してきた結果、資産配分の決定方法には、「ひとつの大前提」と、大まかに「2通りの方法」があるようだということがわかってきました。

「ひとつの大前提」とはなにか?

それは、**自分のリスク許容度＝耐えられる最大損失額を「毎年○○万円の損失まで」とハッキリと把握し、その範囲に収まるように、資産配分をつくる**ということです。

よく、「将来の年金では生活費が○百万円足りないので、毎年○%のリターンが見込めるような資産配分を組みましょう」といった、将来の老後資金として必要な金額から逆算した、いわば「希望リターン」から資産配分を決めるような手順が紹介されていることがあります。

ただ、リターンから決めるとどうしてもリスクの理解が手薄になりがちです。運用期間中のリターンは年ごとに山あり谷ありの繰り返しになります。

この方法では、たまに訪れる深い谷（市場暴落局面）でリスク許容度を超えてしまい、つらくなって投資をやめてしまう恐れがあります。そうなると、挽回《ばんかい》のチャンスを迎えることなく、そこですべてが終了です。

実際、２００８年のリーマン・ショックに端を発した世界金融危機では、多くの個人投資家が市場から去ることになりました。しかし、その後、２００９年後半には新興国株式を中心に、世界の市場は力強くＶ字回復したので、市場に踏みとどまることができた投資家たちは、Ｖ字回復のリターンをたっぷりと享受しました。

何度も繰り返しますが、リターンではなく、リスクから資産配分を決めるという手順を間違えないでください。

資産配分を決定する「２通りの方法」とは？

資産配分を決める方法のひとつは、「**世界市場ポートフォリオ**」という考え方です。

世界各国の株式時価総額と同じ比率で、資産配分をつくるということです。

これは、米国のハリー・マーコウィッツから、ジェームズ・トービン、ウィリアム・シャープと続く、いわゆる「現代ポートフォリオ理論」の最終到達点である「**株式市場そのものが唯一絶対の効率的ポートフォリオである**」という結論をその根拠にしています。

「現代ポートフォリオ理論」は、その前提となる「効率的市場仮説（市場価格はすべての投資家の知識と期待を反映しているという理論）」さえ正しければ、最も効率的なポートフォリオは、一本道で同じ結論＝世界市場ポートフォリオにたどり着くことが、数学的に証明されています。

インデックス投資家のなかにも信奉者が多い理論です。

今だったら、「ＭＳＣＩオール・カントリー・ワールド・インデックス」というインデックスが、国内株式・先進国株式・新興国株式を含めた世界市場ポートフォリオそのものです。資産クラスごとに分けると、概算で、国内株式：先進国株式：新興国株式＝１：８：１ぐらいになります。

もうひとつの方法は、「**有効フロンティア**」という考え方です。資産クラスのリスク・期待リターン・相関係数から、リスクあたりのリターンが最も大きい（効率的な）

図4　有効フロンティア

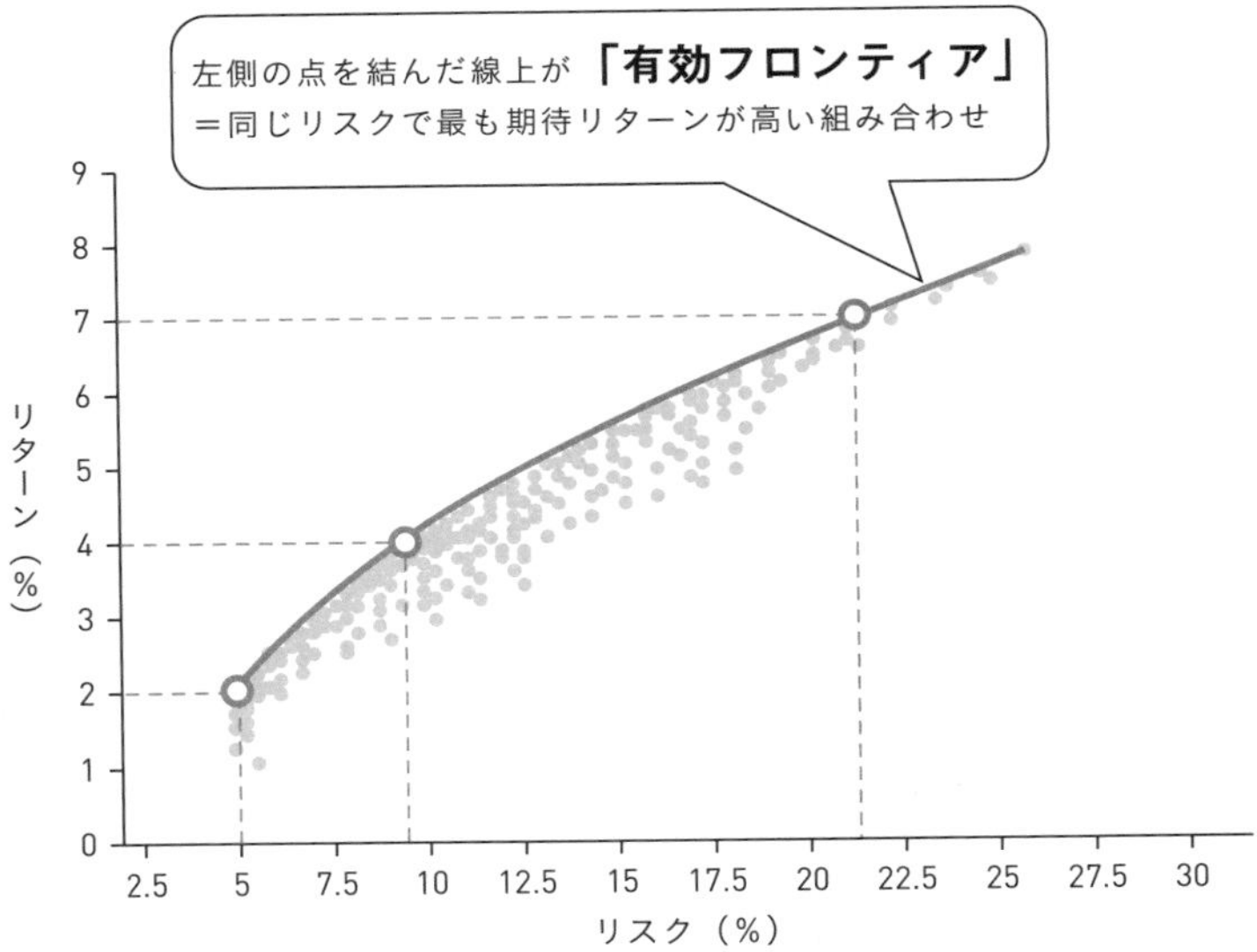

組み合わせを計算する方法です。

投資家が選択可能な組み合わせ（投資機会集合）のなかで、最も有利な選択肢をつなぎあわせた境界線上の組み合わせを選ぶことになります。

図4で示すグラフの左側の点を結んだ線上が「有効フロンティア」と呼ばれ、同じリスクでもっとも期待リターンが高い組み合わせを示す場所です。この有効フロンティアの線上に乗るように、ツールで資産配分の組み合わせをいろいろ変えてみるとよいでしょう（後述する「ファンドの海」提供のツールでも試算できます）。

数字を入力するだけでリスクと期待リターンがわかる便利ツール

でも、「手元にデータもないし、データがあっても計算方法がわからないよ」という方がいらっしゃると思います。私もそうでした。そういう私たちを助けてくれる強力なサポートツールが、なんとネット上に無料公開されているのです。

ブログ「投資信託のガイド　ファンドの海」
アセットアロケーション分析（イーノ・ジュンイチ氏作成）
http://guide.fund-no-umi.com/tools/aa.html

ブログ「ひと手間くわえた積立投資で資産形成」
バリュー平均法の道具箱（森村ヒロ氏作成）
http://valavg.com/value-averaging-tools/
（要ダウンロード・Excel形式）

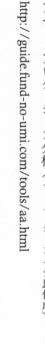

これらのツールにはいずれも、各資産クラスの期待リターンやリスクなどの基礎データがあらかじめ入っており、各資産クラスの入力欄に、国内株式に○○%、先進国株式に○○%、新興国株式に○○%と数字を入れていくと、そのポートフォリオ全体の期待リターンとリスク（標準偏差）が自動計算されます。

各資産クラスの期待リターンやリスクなどの基礎データが、どのような出所のデータを使っているのかを知っておく必要はありますが、自分で変更することもできるので、今後知識を深めていくなかで、基礎データに思うところができれば、変更して再計算することも可能です。

特におすすめなのが、「ファンドの海」のツールで、資産配分で今後30年間の運用シミュレーションができ、グラフで結果を見ることができます。 平均値、最頻値、元本割れの確率等も計算されるので、今後の資産運用のイメージがしやすいと思います（ただし、実際の運用はこのようななだらかな曲線を描かないことを第5章でたっぷりご覧いただきます）。

世界市場ポートフォリオの期待リターンとリスクを、上記のツールで計算すると以下のとおりです。

①ファンドの海「長期投資予想／資産配分分析」
期待リターン（年率）：＋5・4％　リスク（年率）：19・0％

②ひと手間くわえた積立投資で資産形成「資産配分分析」
期待リターン（年率）：＋6・2％　リスク（年率）：19・2％

両ツールとも期待リターンが年率＋5～6％、リスクが年率19％程度と、似たような水準になっています。株式クラスだけだと、まだまだリスクが高いですね。

ここに、債券クラスを組み合わせるわけですが、債券クラスの割合こそが、ポートフォリオ全体のリスク水準が決まる重要要素になっています。

【注意事項】
各ツールの元となるデータは異なりますので、よくご確認ください。
当然のことながらツールの利用は自己責任でお願いします。

図5　「ファンドの海」が無料提供する「アセットアロケーション分析」のシミュレーション画面例①

1. アセットアロケーション（資産配分）の入力

いま保有する資産の配分、あるいはこれからの配分予定を入力してください。おおまかでもかまいません

資産クラス	投資金額	配分比率	期待リターン	リスク
日本債券	45.00 万円	30.00 %	1.00 %	5.40 %
日本株式	10.50 万円	7.00 %	4.80 %	22.15 %
先進国債券	0.00 万円	0.00 %	3.50 %	13.25 %
先進国株式	84.00 万円	56.00 %	5.00 %	19.59 %
新興国株式	10.50 万円	7.00 %	9.25 %	26.25 %
（信託報酬など			△ 0.00 %	）
計算結果	150 万円	100.00 %	4.08 %	13.27 %

期待リターン、リスクの値も変更可能です。またこのページ下部にある相関係数の値も変更可能です。

変更した結果はすぐ計算に反映されます。

2. あなたの運用資産の期待リターンとリスク

アセットアロケーションが決まると、資産全体の「期待リターン」と「リスク」が自動的に計算できます

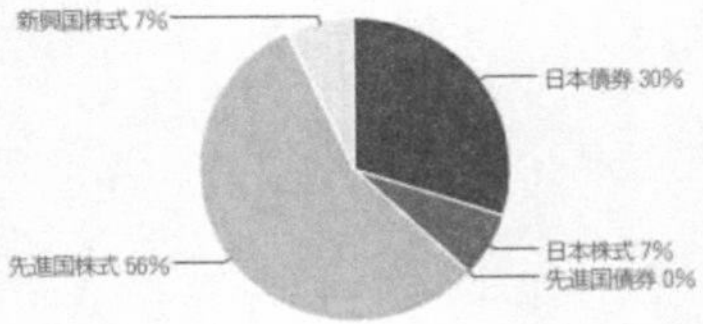

期待リターン（年率）
4.08 %

リスク（年率）
13.27 %

元本
150 万円

このグラフをブログに貼る

提供：ファンドの海

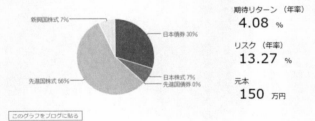

図6 「ファンドの海」が無料提供する「アセットアロケーション分析」の シミュレーション画面例②

3. 長期投資による運用結果の予想

期待リターンとリスクをこのまま維持し続けた場合の、将来の運用結果が予想できます

積み立て投資の場合は、毎月の積立額を入力してください ： 5 万円

（期待リターン 4.08 % ／ リスク 13.27 % ／ 元本 150 万円 ／ 年数 30 年）

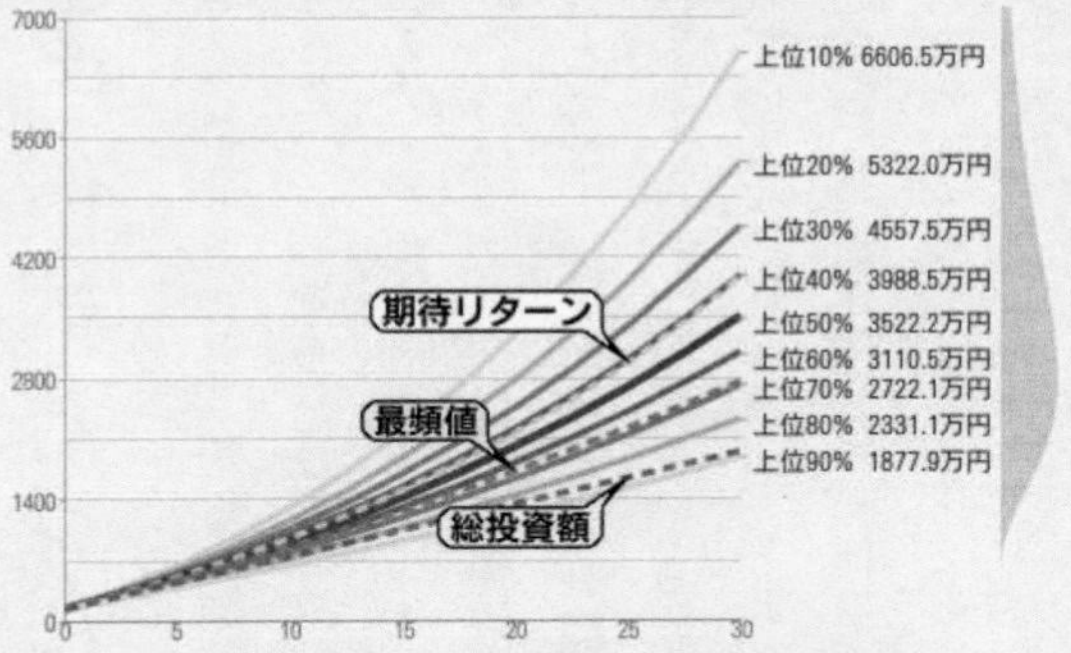

期待値：3974.2　標準偏差：2076.9　中央値：3522.2　最頻値：2766.7

- 30年間の総投資額は **1950.0万円** です。
- いちばん起こりそうな運用結果は **2766.7万円** です（最頻値）。年率にして約 **1.2 %**です。
- 運用結果が **2722.1万円** 以上になる可能性は高く（確率70%）、
  もしかしたら **3522.2万円** 以上になるかもしれません（確率50%）。
  しかし、 **4557.5万円** 以上になる可能性はそれほど高くありません（確率30%）。
- 期待リターンの複利では **3974.2万円** になります（期待値）。ただしその確率は **40.3%** です。
- 元本割れする確率は **11.4%** です。
- 表示される確率や金額は「連続複利年率の収益率が正規分布する」ことを前提に計算されています。

このグラフをブログに貼る

提供：ファンドの海

資産配分の「キモ」は意外にも国内債券だった

「国内債券？　キモとか言う割には地味だな……」とお思いになる方もいらっしゃるかもしれません。なぜなら、債券は株式に比べると期待リターンが低く、特に日本では長期間にわたって低金利が続いているからです。

インデックス投資ブログでも、議論が華やかなのは、主に株式クラスの中身についてです。たとえば、世界の株式時価総額比率（世界市場ポートフォリオ）がよいとか、それより世界のＧＤＰ比率がよいとか、いや米国株式のみの方がいいとか、活発な議論が行われています。もちろん、それはそれで有意義なことではあります。

しかしながら、投資が趣味でも仕事でもない普通の個人投資家にとっては、株式クラスの中身を細かく検討することよりも、国内債券をどの程度組み込むかを検討することの方が、実は、はるかに影響が大きいのです。

前述のように、自分のリスク許容度（耐えられる最大損失金額）の範囲内に、資産配分のリスクを抑えることが大切です。

株式クラスと債券クラスという値動きが違うアセットクラスを組み合わせることに

よって分散効果が働き、あまり期待リターンを下げずにリスクを効率的に下げることができます。

それでは、具体的に見てみましょう。

ひとつの例として、株式クラスを世界市場ポートフォリオ（国内株式：先進国株式：新興国株式＝1：8：1）に固定し、国内債券クラスの組み入れ比率を10％ずつ変えて、期待リターンとリスクがどう変わっていくかを表したのが次ページの表7です（計算は「ファンドの海」の長期投資予想／資産配分分析を使用）。

国内債券0％で株式クラス100％だと、期待リターン5・4％・リスク（標準偏差）19・0％です。このままではまだリスクがかなり高い状態です。

そこで、ためしに国内債券を50％組み入れるとどうなるでしょう。期待リターン3・2％・リスク（標準偏差）9・7％となります。期待リターンが5・4％から3・2％と「4割」下がったのに対して、リスク（標準偏差）は19・0％から9・7％と「5割」も下がりました。

これがまさに「分散効果」です。

値動きの違う資産クラスを組み合わせることで、期待リターンをあまり減らさずに、

表7　各アセットクラスを組み合わせたときの期待リターンとリスクの目安（年率）

国内債券	国内株式	先進国株式	新興国株式	期待リターン	リスク（標準偏差）
0%	10%	80%	10%	5.4%	19.0%
10%	9%	72%	9%	5.0%	17.0%
20%	8%	64%	8%	4.5%	15.1%
30%	7%	56%	7%	4.1%	13.3%
40%	6%	48%	6%	3.6%	11.5%
50%	5%	40%	5%	3.2%	9.7%
60%	4%	32%	4%	2.8%	8.1%
70%	3%	24%	3%	2.3%	6.6%
80%	2%	16%	2%	1.9%	5.6%
90%	1%	8%	1%	1.4%	5.1%
100%	0%	0%	0%	1.0%	5.4%

リスクをより大きく低減できるという、ありがたい効果です。

資産配分を決めるのには、上記に示した組み合わせのなかから、ご自分のリスク許容度に合った組み合わせを選んでいただくということになります。

しかし、「期待リターン○○%・リスク（標準偏差）○○%」とパーセントで言われても、いまいちピンとこない方もいらっしゃるでしょう。

「どのくらい儲かってどのくらい損するレベルなのか？」がいまいちイメージできないのではないかと思います。

そこで、イメージしやすくするために、上記の期待リターンとリスクを、金額に置き換えて考えてみましょう。

それでは、どうぞ。

次ページの表8のようになります。いかがでしょうか？

資産配分の利益や損失のレベルが、ずいぶんイメージしやすくなったのではないでしょうか。

では、どういう計算をして、こうなったのかを説明します。

そうすれば、ご自分で自信を持って資産配分を決定できるようになるでしょう。

表8　1年後の期待リターンおよび、最大リターン金額と最大損失金額の目安

100万円を投資したら1年後に…

国内債券	国内株式	先進国株式	新興国株式	期待リターン	最大リターン	最大損失
0%	10%	80%	10%	5.4万円	43.3万円	▲32.5万円
10%	9%	72%	9%	5.0万円	39.0万円	▲29.1万円
20%	8%	64%	8%	4.5万円	34.8万円	▲25.8万円
30%	7%	56%	7%	4.1万円	30.6万円	▲22.5万円
40%	6%	48%	6%	3.6万円	26.5万円	▲19.3万円
50%	5%	40%	5%	3.2万円	22.6万円	▲16.2万円
60%	4%	32%	4%	2.8万円	18.9万円	▲13.4万円
70%	3%	24%	3%	2.3万円	15.6万円	▲10.9万円
80%	2%	16%	2%	1.9万円	13.0万円	▲9.3万円
90%	1%	8%	1%	1.4万円	11.6万円	▲8.8万円
100%	0%	0%	0%	1.0万円	11.8万円	▲9.8万円

最悪の事態が起こったときの損失額を計算する方法

自分のリスク許容度に合っているかどうかを確かめるには、その資産配分での最大損失額を計算すればいいというお話は何度も出てきましたが、それはどうやって計算するのでしょうか？

一般的に、金融業界では標準偏差の2倍を見ておけば、めったに起こらない最悪の事態を想定することになると言われています。

2標準偏差というのは、95・5％の確率でリターンがその範囲に収まるということですから、それを超える発生確率はわずか4・5％ということです。マイナス側はわずか2・25％の発生確率です。発生確率が2・25％以下の事態が起こったら、それは例外的なレアケースだと思ってあきらめようということで、私はこの考え方を採用して資産配分を決めています。

この考え方でいくと、市場の最悪の事態を想定するということは、

投資金額×｛期待リターン－（2×標準偏差）｝

の損失金額を覚悟するということになります。

たとえば、１００万円を投資するとします。それを、92ページの表7の組み合わせ表で、国内債券50％組み入れの資産配分で投資するとします。

この場合、期待リターン３・２％、リスク（標準偏差）９・７％という数字を当てはめると、こういう計算になります。

想定される最大損失額

＝100万円×｛3・2％－（2×9・7％）｝
＝100万円×（3・2％－19・4％）
＝100万円×（－16・2％）
＝－16万2000円

つまり、この資産配分で１００万円を運用すると、1年後には最大で16万２０００円損する可能性があるということです。このように計算されています。

計算がめんどうであれば、94ページの表8に示した国内債券の組み入れ比率のなかから、ご自分のリスク許容度（耐えられる最大損失額）の範囲内で、気に入った期待リターンとリスクの組み合わせをご自分で選んでいただくということになります。

これで、あなたの資産配分が決められます。

株式クラス部分を、上記の世界市場ポートフォリオ（国内株式：先進国株式：新興国株式＝1：8：1）ではなく、自分で計算した有効フロンティア上の資産配分にする場合は、前出のツールを使って、国内債券比率を少しずつ変化させせながら計算してみてください。

それでも心配な場合はどうすればいいか？

実際に、2008年のリーマン・ショックでは、2標準偏差を超える株価下落が起こりました。だからこそ、「100年に一度の危機」だと言われていたわけですが。

2標準偏差ではどうしても心配だという方は、3標準偏差（99・7％の確率でリターンがその範囲に収まる）以上を見ておくとよいかもしれません。上記計算式の、「（2×標準偏差)」部分を「(3×標準偏差)」に変えるだけです。あやふやな未来に対しては、安全サイドで考えていくという姿勢は大切です。

また、もし、生活防衛資金が2年分貯まる前に、並行してインデックス投資を始めたいという場合は、ご自分のリスク許容度は、通常時の半分くらいしかないと仮定して、リスク許容度を安全サイドで見積もるとよいと思います。

なお、本書では、債券クラスに外国債券を組み入れていません。疑問に思う方もいらっしゃるかもしれませんが、債券クラスは、価格変動に対する緩衝材の役割を期待しているので、リスクが国内債券よりも高い外国債券は使わないという考えです。

もう一歩踏み込んだ説明をすると、一見、魅力的に見える高金利の外貨は、長期的には通貨自体が安くなって金利差は相殺されてしまうという考え方があります(金利平価説といいます)。

この考え方にしたがうと、外国債券クラスの期待リターンは、結局、国内債券の期待リターンとほぼ同じということになります。それなのに、為替リスクを背負うためリスクは高い。であれば、はじめからリスクが低い国内債券クラスだけでよいと考えます。

投資のテキストには、伝統的資産四分法として国内株式・外国株式・国内債券・外国債券の4つに分散させるのが基本とあり、バランスファンドにも外国債券が含まれていることが多いです。

でも、これは米国で発達した投資理論をそのまま日本に持ってきた影響で、日本の個人投資家にとっては、必ずしも当てはまりません。残念ながら、米国人向けに書かれた『ウォール街のランダム・ウォーカー』にもこのことは書いてありません。

私自身、このことに気づいたのは、インデックス投資をはじめてからかなり時間が経ってからのことです。2008年のリーマン・ショックの時に、外国債券クラスのインデックスファンドを大量に保有しており、為替リスクを取り過ぎていた状態にあり、株価暴落と同時に進んだ超・円高によって、米国本国の投資家よりも深刻なダメージを受けてしまったことは、今でも反省材料のひとつです。

「REIT《リート》（不動産投資信託）や金（ゴールド）は？」と思われる方もいらっしゃるかもしれません。資産配分の基本は、株式と債券の組み合わせです。REITや金の市場は、株式や債券の市場規模と比べると数%もなく、はるかに小粒なのです。

あまりに市場規模が小さな資産クラスばかりに投資してしまうと、世界経済全体の成長に乗っかることができなくなってしまいます。

世界経済の成長の恩恵にあずかろうという資産運用の中心は株式と債券であり、今

のところ私自身はREITや金にはほとんど投資していません。これは、日本の公的年金を運用するGPIFでも同様です。

どうしてもREITや金などを組み入れたい方は、応用編としてご自身で勉強して、そのアセットクラスの各種データ（期待リターン・リスク・相関係数）を入手し、上記のツールに手動で入力をして計算してみてください。

投資すべきインデックスファンドは全世界株式1本！

インデックスファンドのなかで、どれを選ぶかは、運用管理費用（信託報酬）でほとんど決まってしまいます。

もちろん、コストが安いものがよいです。

日本ではインデックスファンドの運用管理費用（信託報酬）が米国よりも高く、必ずしも低コストと言えないものも多かったのですが、運用会社間のコスト競争と企業努力によって、だんだんとコスト水準が下がってきました。

たとえば、私がインデックス投資を始めた2002年頃は、外国株式クラスのインデックスファンドは、運用管理費用（信託報酬）が年率1％以上のものしかない時代がありましたが、現在、「eMAXIS Slim先進国株式インデックス」（運用会社：三菱UFJアセットマネジメント）は年率約0・09889％とコスト水準は約10分の1以下に下がっています。

現在、買うべきインデックスファンドの運用管理費用（信託報酬）の目安としては、国内資産（国内株式クラス・国内債券クラスなど）が年率0・1％台、先進国資産（先進国株式クラスなど）が年率0・1％台、新興国資産（新興国株式クラスなど）が0・2％台となります。

基本的には各資産クラス（国内株式・先進国株式・新興国株式など）でもっとも運用管理費用（信託報酬）が低いインデックスファンドを選べばよいだけなのですが、「細かい銘柄情報にふりまわされたくない」「できるだけ手間をかけたくない」という方も多いでしょう。そのため本書では、**コスト面は少々割り切り、日本・先進国・新興国株式すべてに1本で投資できる次の「全世界株式」クラスのインデックスファンドをおすすめします。**

eMAXIS Slim 全世界株式（オール・カントリー）（運用会社・三菱UFJアセットマネジメント）

購入時手数料：なし

運用管理費用（信託報酬）：実質年0・05775％（税込）

信託財産留保額：なし

「新興国株式の成長に期待したいので多めに割り振りたい」「日本株式は少なめにしたい」など、投資地域に重みづけをしたいのであれば、次の3本を自分で組み合わせるのがよいでしょう。

eMAXIS Slim 国内株式（TOPIX）（運用会社・三菱UFJアセットマネジメント）

購入時手数料なし

運用管理費用（信託報酬）年率0・143％（税込）

信託財産留保額なし

eMAXIS Slim 先進国株式インデックス（運用会社・三菱UFJアセットマネジメント）

購入時手数料なし
運用管理費用（信託報酬）年率0・09889％（税込）
信託財産留保額なし

eMAXIS Slim 新興国株式インデックス（運用会社・三菱UFJアセットマネジメント）

購入時手数料なし
運用管理費用（信託報酬）年率0・1518％（税込）
信託財産留保額なし

ありがたいことに、運用会社間の競争によって、今後も新たな低コスト・インデックスファンドの設定や、運用管理費用（信託報酬）の引き下げが行われることが予想されます。

常にコスト最安値のインデックスファンドに投資したいという方は、著者のブログ

「梅屋敷商店街のランダム・ウォーカー」（**http://randomwalker.blog.fc2.com/**）**の「低コストインデックスファンド徹底比較」カテゴリーにて、定期的に最新情報を更新しますので、ご覧ください。**

もし、運用管理費用（信託報酬）がさらに安いインデックスファンドが出てきたら、新たに投資する分から、新たなインデックスファンドに切り替えればよいでしょう。

前述のとおり、昔はインデックスファンドのコストが高かったので、大幅に運用管理費用（信託報酬）が安いインデックスファンドが新登場した場合、すでに保有しているものをすべて売却して、新たなインデックスファンドに丸ごと「乗り換える」方が有利なケースがありました。

しかし、**現在のコスト水準であれば、すでに保有しているものはそのままにして、新たに積み立てる分から、別のインデックスファンドに変更すればよいでしょう。**

なお、「ｅＭＡＸＩＳ Ｓｌｉｍシリーズ」を運用する三菱ＵＦＪ国際投信は、「業界最低水準の運用コストを将来にわたって目指し続ける」（同社ウェブサイトより）と明言しているため、より低コストのライバルファンドが今後出てきたとしても、追いかけのコスト引き下げが期待できます。

国内債券のインデックスファンドはどれがいいの？

「株式クラスはわかったが、国内債券クラスのインデックスファンドは？」

そう、そこが、日本人が米国の教科書どおりにできない悩ましい部分です。

債券は、金利が上がると価格は下がり、金利が下がると価格は上がるというシーソーの関係にあります。そして、日本では長らく超・低金利状態が続いています。

しかも、2017年以降、日本の中央銀行はいわゆる「マイナス金利政策」をとっています。これ以上さらに金利が下がる（価格は上がる）方向よりも、金利が上がる（価格は下がる）方向に大きな余地があると考えられます。

また、マイナス金利は明らかに異常事態なので、もし正常化するとするならば、金利は上がる（価格は下がる）方向に動く可能性が高いと思われます。

ここで国内債券インデックスファンドに投資してしまうと、金利上昇局面で国内債券インデックスファンドの基準価額は下がることが運命づけられてしまうようなもので、非常に買いにくい局面が続いているのです。

長期金利が2%程度になるなど、国内債券市場が正常化するまでの間、国内債券インデックスファンドの代替商品はないのでしょうか。

ベターなのは、以下のものです。


「個人向け国債　変動10年」

「ネット銀行の定期預金」


「個人向け国債 変動10年」は国債の一種で、個人専用の商品です。**金利が上昇した場合でも、元本部分の価格は変動しないという反則級の特徴を持っています。**

また、利率は半年ごとに見直され、その時の10年国債利回りの0・66倍に決まるので、将来の金利上昇局面でも、変動を追随することができます。

しかも、変動する利率には、「年率0・05%の最低金利保証」が付いており、それ以上金利が下がりません。さらっと「年率0・05%の最低金利保証」と言っていますが、この条件は、現在のマイナス金利状況を鑑《かんが》みると、まとまった資金があるプロであれば、喉《のど》から手が出るくらい欲しい「好条件」だと思います。

購入してから1年経てば、直近の2回分の利子相当額×0・79685をペナルテ

ィとして返上することで、常に元本100%で途中解約できるため、将来、金利状況が正常化したら、国内債券インデックスファンドに乗り換えることも可能です。

現在の日本の金利状況に適した国内債券クラスの商品だと言えます。

また、ネット銀行の定期預金は、メガバンクなどよりも（場合によっては、個人向け国債変動10年よりも）高めになっており、現在のマイナス金利状況においては魅力があります。

銀行ですので、預金保険によって1000万円までの預金の元本と利息が保護されることになっています。お金を預けた銀行が将来破たんしても、この範囲の預金は、預金保険機構というところが預金者への払い戻しを保証してくれます。

ただし、1000万円以上は元本が保証されていないため、1000万円を超える資金は、「個人向け国債　変動10年」にすることをおすすめします。

個人的には、満期のたびに金利が高いネット銀行の定期預金を探し回るのが手間なので、最初から「個人向け国債　変動10年」を、国内債券クラスの代替商品として積み立てています。

あとはひたすら積み立てて寝かせて増やすだけ！

生活防衛資金を用意して、資産配分を決めて、投資商品を決めたら、あとは所定の比率で毎月1回積み立てるだけです。その積み立てにしても、各証券会社の「自動積み立てサービス」に登録すれば、毎月、同じ日にちに、同じ商品を、同じ金額で、「自動的」に購入してくれます。積み立てる作業すら不要にできます。

投資法としては、本当にこれだけです。

あとは、日々、一生懸命仕事に打ち込むもよし、子育てに専念するもよし、趣味に遊びに勉強に打ち込むもよし、社会貢献活動をするもよし、自分探しの旅に出るもよしです。ご自身の人生を充実させるために、十分に時間を使ってください。

フツーの投資法であれば必要な、毎日、株価チャートとにらめっこする必要もなければ、決算短信や有価証券報告書を読み込む必要もまったくありません。

私は過去に大病を患《わずら》い、しばらく会社を休んだことがあります。妻も1年のうちに3回も同じ病気で入院したことがあります。そのときなど、本当に投資どころではありませんでした。自分や家族が健康を害したときは、チャートから目が離せないとか、決算短信の読み残しがどうとか、そんなことを考えている暇などありませんでした。インデックス投資の手間のかからなさがありがたく感じました。

また、仕事柄、時期によって出張が重なり、1カ月の大半を出張先のホテルで過ごさなければならないこともあります。そういった情報が制限されるような場所でカンヅメ状態になるときも、インデックス投資の手間のかからなさがありがたい。海外へ旅するときも、まったく同じことが言えます。

本来、投資が趣味でも仕事でもない私たち普通の個人にとって、投資なんかのために使う時間は、短ければ短いほどいいのです。

あなた自身のQOL（Quality of Life）をどうか大切に。

楽ちんだけど、年に1回だけ やった方がいいこと「リバランス」

この楽ちんインデックス投資も、年に1回だけ、ぜひやっておきたいことがあります。それが「**リバランス**」です。**リバランスとは、運用していくなかで崩れてきた資**

産配分（**アセットアロケーション**）**を所定の比率に戻す作業です。資産配分が崩れたままだと、知らないうちに過剰なリスクを取ってしまう恐れがあります。**

インデックス投資は、基本ほったらかしの楽ちん運用ですが、それができるのは、あくまで自分のリスク許容度の範囲内で運用しているからです。

具体的には、**自分が決めた資産配分と比べて、比率が大きくなり過ぎた資産クラスのインデックスファンドを売って、比率が小さくなり過ぎた資産クラスのインデックスファンドを買う**という作業をします。

少し手間ですが、なあに、年1回のことです。私は、毎年お正月の暇にまかせて資産配分を計算して、正月明けにリバランスをしています。実際は、リバランスしようとして資産配分を確認した結果、ほとんど資産配分に変更がなく、結局リバランスはやらなかった年もけっこうあります。

図9　リバランスのイメージ

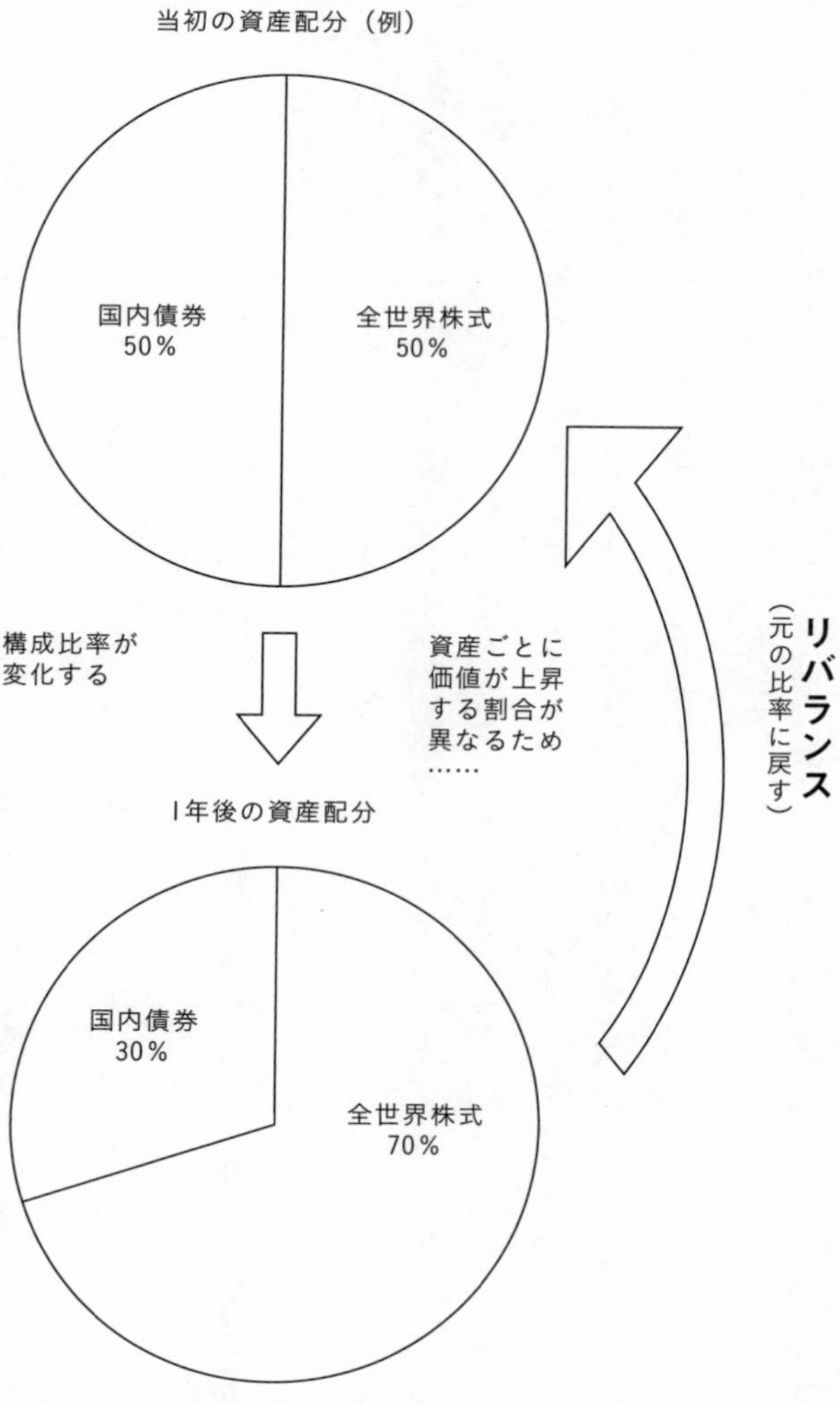

投資銀行の大物も「インデックス投資の勝利」を認めざるを得なかった

「ＣＴスキャンの結果が出た。別の腫瘍《しゅよう》が見つかったよ。あと半年の命らしい」

こんなショッキングな出だしで始まるのは、『**投資とお金について最後に伝えたかったこと**』（ダニエル・Ｃ・ゴールディ、ゴードン・Ｓ・マレー共著）という本です。

ゴールドマン・サックス、リーマン・ブラザーズ、クレディ・スイスなどで活躍した投資銀行家ゴードン・Ｓ・マレーが脳腫瘍で余命いくばくもないなか、どうしても伝えたかった「投資とお金」の知恵をまとめたというものです。

執筆後、刊行直前に著者は亡くなり、この本は遺作となりました。

投資銀行というのは、Ｍ＆Ａ（企業の合併や買収）の仲介や証券流通市場でのトレーディングなどによって利益を得ることを主な業務とする銀行です。時に社員の巨額の報酬が話題になったりします。

その投資銀行家が、自分が亡くなる前にどうしても伝えたかったことというのですから、「さぞかし高度で複雑な秘訣《ひけつ》なのだろうな」と私は思いました。

さて、どのような内容だったかというと……、

「バランスの良いポートフォリオで広範な分散化投資という手法を用いれば、グローバル資本市場の平均収益率が誰でも達成できる」

「主観的な予測や銘柄選択や売買タイミングに悩む必要はない」

おや？

どこかで聞いたことがあるフレーズではないですか。

なんと、驚いたことに、ウォール街で25年間活躍したやり手投資銀行家が、亡くなる前にどうしても伝えたかったのは、「インデックス投資」そのものでした。

逆に、亡くなる前だからこそ書けたのかもしれません。なぜなら、インデックス投資は、ウォール街の投資銀行のバリバリのアクティブ運用とは正反対の投資手法ですから。あまりにもシンプルで簡単なため、しばしばアクティブ投資家たちから「思考停止」「アホールド」などと揶揄《やゆ》されます。

しかしながら、**実際は、プロのファンドマネジャーが銘柄選択と売買タイミングを図って運用する「アクティブファンド」のうち、8～9割はインデックスを下回るパ**

フォーマンスしか出せません。このデータは古今東西を問わずに観測されています。

アクティブ運用で突出したパフォーマンスを叩《たた》き出し、毎年、世界長者番付に名を連ねる米国随一の投資家**ウォーレン・バフェット**でさえ、「**ほとんどの投資家にとって、株を保有する最善の方法は、手数料の低いインデックスファンドに投資することである**」と言っています。

そう考えれば、やり手投資銀行家ゴードン・S・マレーが、自分が亡くなる前にどうしても伝えたかったことが、ごくシンプルなインデックス投資であったとしても、不思議はありません。

私もブロガーとして、自分が実践しているインデックス投資を世の中に紹介しています。インデックス投資は、最も儲かる投資法でもなければ、必ず儲かる投資法でもありません。

しかし、「手間がかからない」ことにかけては、右に出るものはない投資法です。だから、投資が趣味でも仕事でもない、私たち普通の人に向いている投資法だと考えています。もし自分が亡くなる前に「個人投資家になにか伝えたいことはあるか？」と聞かれたら、こう答えると思います。

「**お金はインデックス投資でひたすら寝かせて、空いた時間で人生を楽しもう！**」

図10　失敗しないインデックス投資の手順

① 家計の状態を把握する

② 生活防衛資金を貯める
（貯金しながら投資を始めてもOK！）

③ 自分の「リスク許容度」を把握する

④ 資産配分を決める

⑤ ネット証券の口座を開く

⑥ 決めた投資商品に毎月1回積み立てて
寝かせるだけ！

年に1回リバランス！

第2話
超堅実派の未来《みく》がいよいよインデックス投資を始める!

いいか
投資で成功するにはな
人の未来を信じて
寄り添い続けるコトじゃ
寄り添う・・・？
問題じゃ
アメリカで1801年に
株式投資した1ドルは
200年後
いくらになった？
Q
うーん
10倍
100倍とか？
ん〜〜…
ふふ・・
お主よ
甘いのう
700000倍じゃ♪
ヒュー‼
!?

それってつまり
1000円投資したら
2000年後には、ななな・・
7億!?
ドン
あわわわ わわ
そのとーり
察しが良いのう
どうじゃ
驚いたじゃろ
ふひほほほっ
でも、そんな簡単に
増えるモノなの？
世界恐慌だとか
色々あったじゃない
確かに、過去には
世界大戦が2回
世界恐慌の
ブラックマンデーなど
大暴落が度々起こっている
だが、長いスパンで見れば
ずっと右肩上がりなんじゃ
どうして？
ザパァァァァン
人が幸せを願う限り
どんな壁があっても
成長は続いていく。。
それが資本主義経済で
世の中の理
というモノなのじゃ!!
なんだ
このおじさん

で、神様
何なの
寄り添うって?
まぁそのうち
分かることじゃ
生憎ワシは
投資の卵を
育てるのに忙しい
インデックス投資を
始めるなら
コレを読みなされ
未来ちゃん
ただいま~
あ!
おおかえり!
さっき誰かと話してた?
おじさんの笑い声が
聞こえた気が~・・
あ、なんというか
神様と~
えーと
あの~
神様?
ところでさ
有明海の高級海苔
ゲットしちゃった♪
食べる?
帰宅中に衝動買い
のり
ホッ・・・
個性的で
助かった・・

お金は寝かせて増やしなさい・・
ガタン
ゴトン
これならできるかも！
未来の後輩
橋本萌美
ねえねえ未来先輩知ってます？
向こうの勝山さん株で大損出して貯金の半分消えたらしいですよ
うへぇあ〜
やっぱり投資は庶民が手を出しちゃダメですよねー先輩！
私、始めるつもりよ インデックス投資って知ってる？
ピタッ…
……
え、あの超堅実貯金派の未来先輩がー!?
堅実で悪かったわね・・

まぁうちの夫がさ
家計に協力的じゃないし
でも、子供は
近いうちに
ほしいしさ
将来の事考えたら
大した金利もつかない
貯金だけじゃ
正直、心配なんだよね
カラン…
先輩・・
・・・萌美
どうしたの??
えっ…
子供のために、そこまで
本当に
親身に考えてるなんて
先輩カッコいいです！
アタシ次は
先輩の子に生まれますッ!!
センパァァァイ
私何人
産めばいいんだ・・
遠りょしとく
で、何ですか？その
インディアカ投資って
オレは
Bに
100万！
Aに
50万！
賭博?!
ドイツの
スポーツじゃない！
インデックス投資！
いい？
インデックス投資
っていうのは・・
・・・フムフム

インデックス投資なら
最初の準備さえ
しっかり整えば
あとは寝かせるだけ
開設っと♪
税金のかからない
口座で♪
カタ
カタ
カタ
…そういえば
結婚記念日
ずっと
祝ってなかった
パタッ
今年くらい
夫にも
イイもの
プレゼント
しなきゃね
ただいまー?
何、プレゼント?
アナタってホント
地獄耳…
次の日
先輩!
さっそく証券会社の口座
開いちゃいました!!
ガンバロ!
絶対成功させようね!
インデックス投資!

と言っても
毎月一定額を自動積み立てして
あとは寝かすだけだから
投資にしては楽みたいね
スタッ
スタッ
これで10年後には
念願のプレミアム香水
嗅ぎ比べができます・・ッ!!
クンクン
なんて支離滅裂な
目標だこと
そうですね！
柏木先輩・・！
未来・萌美の上司
柏木 京子
君たち
投資始めたの？
投資先はドコなの
FX？不動産？
株？
あわあわ
コッコッコッ
イ、インデックス
ファンド、です・・ッ！
あー
平均株価のアレね
で、今どうなの？
ピクピク
その〜まだ
運用初期なので
まだなんとも
実際に利益が出るのは
10年、20年後みたいで・・・
ふ〜ん

試練とは？　一体何が起こるんだー!?

第3章

おすすめの金融機関と NISA・iDeCoの実践ガイド

インデックス投資に最適な金融機関はズバリここ！

インデックスファンドを買う金融機関はどこがよいか。誰でも最初は迷うものです。

インデックスファンドは、メガバンク（三菱東京ＵＦＪ銀行やみずほ銀行など）や地銀（横浜銀行や埼玉りそな銀行など）といった銀行や郵便局、駅前に店舗を構える大手証券（野村證券や大和証券など）、ネット証券（ＳＢＩ証券や楽天証券など）と、いろいろなところで取り扱っています。

最近では、投資家に対して人工知能を利用して資産管理や資産運用のアドバイスを行う「ロボアドバイザー」というサービス（ウェルスナビやテオなど）も登場しており、だいたいどこでもインデックス投資を行うことが可能です。

いったいどこを選べばよいのでしょうか。

インデックス投資に最適な金融機関はどこかという観点で金融業界を15年眺めて、試してきた私にはもう結論が出ています。

それは、ネット証券の**SBI証券**か**楽天証券**です。

インデックス投資に最適な金融機関のいちばんの選定ポイントは、コスト最安値の

インデックスファンドを設定と同時に真っ先に取り扱うかどうかです。

金融機関によっては、同じ系列のグループ会社が運用するファンドしか取り扱わなかったり、相対的に高コストなインデックスファンドしか取り扱わなかったりするところがあります。

また、取り扱ったとしても、著しく遅れたりするところがあります。今後、何十年も付き合っていく金融機関です。こういうところは避けた方が無難です。

たとえ現時点で、コスト最安値のインデックスファンドを一応取り揃《そろ》えていたとしても油断はできません。運用会社間の健全な競争によって、コスト最安値インデックスファンドはすぐに更新されて変わります。

今は存在しないコスト最安値インデックスファンドが、今後新登場する可能性が大いにあります。その際に、遅滞なく取り扱うかどうかは、この20年でどのようなタイミングでどのようなインデックスファンドを取り扱ってきたかの実績を見れば、だいたい判断することができます。

その点、**SBI証券と楽天証券は率先して遅滞なく取り扱ってきた実績があります。**

私は両方とも口座を保有しています。もちろん、過去のインデックスファンドの採用においても対応はバッチリでした。

ＳＢＩ証券はまさになんでも揃っています。手数料は業界最安値クラスですし、商品やサービスでＳＢＩ証券でないものはほぼないといっていいでしょう。

他のネット証券で新たな手数料、商品・サービスを打ち出してきたら、即座に対抗してＳＢＩ証券でも対応してしまいます。そうやってＳＢＩ証券は過去からずっとネット証券トップの座を守ってきました。

一方、楽天証券は海外市場に上場したＥＴＦ（上場投資信託）の取り扱いや、投資信託を１００円から購入できるようにしたり、ポイント（楽天ポイント）で購入できるようにしたりと、インデックス投資家にメリットがある新たな手数料・商品・サービスを、他社に先駆けて積極的に開拓してきました。

ＳＢＩ証券と楽天証券はお互いに競い合うようにしてサービスを高めてきており、他の金融機関と比べて相対的に高レベルにあり、今後もある程度安心してインデックス投資に活用できるでしょう。

大手証券や銀行は、窓口でのコンサルティングを売りにすることが多いですが、顧客の資産形成に役立つアドバイスをできているかは甚だ疑問です。

野村證券出身で、日本の確定拠出年金の投資教育やＤＣファンドの低コスト化に尽力した大江英樹氏は、「証券会社・銀行の窓口や外回り営業担当は、『販売のプロ』であって『運用のプロ』や『アドバイスのプロ』ではない」と喝破しています（出所・日本経済新聞電子版2014年3月11日「権威に弱い投資家心理『金融機関＝プロ』を疑え」より）。

それならば、**ロボアドバイザー**ならどうでしょう。販売員の成績に左右されない中立公平なアドバイスが期待できるでしょうか。使われている多くの投資商品は、低コストなインデックスファンドやETFです。

しかし、これは別の観点からおすすめできません。

なぜなら、**投資商品の運用コストとは別にロボアドバイザーの会社が徴収する手数料が、保有資産金額の年間1・0％前後とべらぼうに高いからです。**

年間1・0％というのは高くないように思えるかもしれませんが、これは、私たちインデックス投資家から見ると、この20年間で運用会社間の競争により少しずつ低減化されてきたインデックスファンドの運用コストの値下げ分を、全部捨てるレベルの高コストです。しかもこれは、投資家の知識と経験が高まっても、毎年必ず取られ続ける手数料です。資産配分の決め方がざっくりとでも理解でき、年に一度程度のリバランスができる方であれば、おすすめできません。

最強の非課税制度「NISA」の活用は絶対に外せない

ネット証券で口座を作る際に、ぜひとも開設を検討したいのは**NISA（少額投資非課税制度）**です。

通常、株式や投資信託などの金融商品に投資した場合、売却して得た利益や受け取った配当・分配金に対して約20％の税金がかかります。実際に投資をやってみるとわかりますが、リスクを負ってようやく得た利益に対してかかるこの税金は、予想以上に大きな負担をともないます。じわじわボディに効いてくる感じです。

NISAとは、「NISA口座」内で一定金額の範囲内で購入した金融商品から得られる利益にかかる税金が非課税になる制度です。

2024年に大幅に制度が改善され、制度自体が恒久化、非課税期間が無期限となりました。また非課税枠も生涯で1800万円と大幅に拡大しました。これは新規に入れられる金額であり、そこから増えた分は1800万円を超えても（5000万円になっても、1億円になっても）利益はすべて非課税となります。

表11　「NISA」の概要

	つみたて投資枠 併用可	成長投資枠
年間投資枠	120万円	240万円
非課税保有期間（注1）	無期限	無期限
非課税保有限度額（総枠）（注2）	1,800万円 ※簿価残高方式で管理（枠の再利用が可能）	
		1,200万円（内数）
口座開設期間	無期限	無期限
投資対象商品	長期の積立・分散投資に適した一定の投資信託 〔旧つみたてNISA対象商品と同様〕	上場株式・投資信託等（注3） 〔①整理・監理銘柄②信託期間20年未満、毎月分配型の投資信託及びデリバティブ取引を用いた一定の投資信託等を除外〕
対象年齢	18歳以上	18歳以上
旧制度との関係	2023年末までに旧一般NISA及びつみたてNISA制度において投資した商品は、新しい制度の外枠で、旧制度における非課税措置を適用 ※旧制度から新しい制度へのロールオーバーは不可	

（注1）非課税保有期間の無期限化に伴い、旧つみたてNISAと同様、定期的に利用者の住所等を確認し、制度の適正な運用を担保
（注2）利用者それぞれの非課税保有限度額については、金融機関から一定のクラウドを利用して提供された情報を国税庁において管理
（注3）金融機関による「成長投資枠」を使った回転売買への勧誘行為に対し、金融庁が監督指針を改正し、法令に基づき監督及びモニタリングを実施

金融庁「NISA特設ウェブサイト」より筆者作成

「つみたて投資枠」と「成長投資枠」どちらを選択すべきか？

生涯非課税枠の１８００万円は、**「つみたて投資枠」**と**「成長投資枠」**の２つにわかれています。

まず、**「つみたて投資枠」はその名のとおり、定期的に一定金額を積み立てる形で投資するための非課税枠です。**対象商品は、長期の積み立て・分散投資に適した一定の投資信託が対象商品になっています。

金融庁が運用コストの安さや投資対象に厳しい条件を付けており、それをクリアした商品だけが「つみたて投資枠」の対象商品となります。本書でおすすめしている超・低コストなインデックスファンドが、まさにこの対象となっています。本書の読者の皆さまは、こちらをベースに考えるとよいでしょう。

生涯非課税枠の１８００万円の内訳として、年間の投資枠も定められています。「つみたて投資枠」では年間１２０万円まで積み立てられます。たとえば、月10万円ずつ積み立てて年１２０万円を埋めていくと、15年で生涯非課税枠の１８００万円をすべて「つみたて投資枠」で投資することができるというわけです。

一方の**「成長投資枠」は、投資方法は積み立てに限りません。**投資金額や回数などは投資の都度自由ですし、全額一括投資もできます。対象商品は、個別株や様々な投資信託（つみたて投資枠の対象外の投資信託も含む）などが対象商品になっています。

国内外の個別の企業の株式を選んで売買したり、運用コストは高いけれど特徴のあるアクティブファンドに一括で投資したりできるなど、比較的自由に投資することができます。年間投資枠は240万円ありますが、生涯非課税枠の1800万円のうち1200万円までしか使うことができないことには注意が必要です。

ここで本書の読者の皆さまに覚えておいてほしいのは、**「成長投資枠」でも「つみたて投資枠」対象商品と同じインデックスファンドに投資することができるということです。**

「成長投資枠」という名前の響きから、成長投資枠でしか買えない商品を買ったほうが、なんとなくお金が増えるような印象を持たれるかもしれません。しかし、**金融のプロが銘柄選定を行い、投資タイミングを見計らって売買するアクティブファンドの80〜90%は、インデックスに負けているという事実**を思い出してください。

つまり、「つみたて投資枠」も「成長投資枠」も、投資する商品は同じインデックスファンドでよいのです。「つみたて投資枠」では積み立て投資で買い、「成長投資枠」ではスポット投資で買うという「買い方」の違いがあるだけと考えればスッキリするでしょう。

じつは、NISAの制度改善が決まった時、4人の著名投信ブロガーが金融庁に呼ばれ（不肖水瀬も呼ばれました）、制度変更の趣旨説明が行われました。その時に金融庁の担当者は、「『つみたて投資枠』がベースで、『成長投資枠』は今まで投資をやってこなかった方々の『つみたてキャッチアップ枠』だ」と言っていました。

キャッチアップというのは「追いつく」という意味です。「つみたて投資枠」は年間120万円しか投資できないので、生涯投資枠の1800万円を埋めるのに15年かかりますが、「成長投資枠」の年240万円を毎年スポット購入すれば、最短5年で生涯投資枠の1800万円を埋めて、全額非課税の運用態勢にもっていけます。

NISAをきっかけに新たに投資を始めようという方は、「つみたて投資枠」も「成長投資枠」も両方使えば、昔からつみたて投資をしている方に、早めに追いつくことができるというわけです。私は「うまいこと言うなぁ」と思いました。

積み立てる前から売却の話をするのも気が早いかもしれませんが、**NISAでは売却すると翌年に非課税枠が復活して再利用ができます。**非課税枠が復活する金額は、売却額そのものではなく、商品を買った時の金額（簿価といいます）分だけです。

また、年間投資額の範囲内（「つみたて投資枠」１２０万円、「成長投資枠」２４０万円）までしか復活しません。

ただ、これによって、将来、資産を取り崩しながら生活する中で、取り崩したお金がすこし余ったり、臨時収入があったりした時に、ＮＩＳＡの非課税枠にもう一度入れ直して非課税運用を継続することができます。自由度が高くてとてもよいと思います。

NISAのデメリットとは？

「ＮＩＳＡ」にはデメリットもあります。

ＮＩＳＡ口座内で発生した利益（損失）と、通常の口座で発生した利益（損失）とを損益通算（一定期間内の利益と損失を合算すること）できないことです。

また、損失の繰越控除（本年だけでなく翌年以降も損失を繰り越して税金を減らすこと）もできません。

デメリットもあることから、ＮＩＳＡで、いつ、何を、どのように売買するのがいちばんメリットが大きいのか、インデックス投資ブロガーの間でもよく議論になりますが、要するに、将来、非課税期間が終わる時に、利益が出ていればメリットのみ、損失が出ていればデメリットのみとなります。

結局、結論はいつも「今後の相場状況次第」となってしまいます。

「ＮＩＳＡで必ずメリットを取りたい（デメリットを避けたい）」という要求は、言い換えれば、「必ず儲かる投資をしたい」という要求と同義となり、そんな必ず儲かる投資法などこの世に存在しないということは、もはやご理解いただいていると思います。

株式市場というものは、上がるときもあれば、下がる時もあり、長期間でならせば少しずつ上がっていくものだということを腹に落として、「ＮＩＳＡ」については、デメリットになる可能性を含みおきつつも、非課税のメリットを目指して積極的に活用していくというスタンスが、インデックス投資家には向いています。

iDeCo（個人型確定拠出年金）はあくまでも「年金」であることを忘れずに！

NISAと並んで、投資の非課税制度として紹介されることが多いiDeCo《イデコ》（**個人型確定拠出年金**）ですが、これは名前のとおり「年金」です。したがって、原則60歳まで途中解約することはできません。

インデックス投資家としては、まず、iDeCoはあくまでも「年金」であるという大前提を頭に入れてください。

話が投資からは少し離れますが、日本の年金制度は、公的年金と私的年金に分かれています。本書でもちょくちょく名前が出てきているGPIF（年金積立金管理運用独立行政法人）が運用している国民年金や、厚生年金保険が公的年金です。

そこに上乗せされるのが、確定拠出年金などの私的年金です。確定拠出年金は、さらに企業型と個人型に分かれていますが、企業型は企業が導入を決めますが、個人型は個人が自らやるかやらないかを選択できます。

この個人型確定拠出年金の愛称が「iDeCo」です。

「iDeCo」は年金なので、60歳になるまで原則引き出せない代わりに、強力な優遇措置があります。

①拠出時は掛け金全額が所得控除の対象

確定拠出年金の掛金は、全額が課税所得額から差し引かれることで所得税・住民税が軽減されます。これを投資家目線で言えば、ｉＤｅＣｏで投資をすることで、投資とは直接関係がない、本業の仕事の所得にかかる所得税や住民税までもが安くなるということです。

②運用中に得られた利益は非課税

確定拠出年金内の運用商品の運用益については非課税です。しかも、非課税期間は給付完了までずっと続きます。

③受け取る時は退職所得控除や公的年金等控除の対象

「ＮＩＳＡ」は運用商品を売却後、お金を受け取るのに税金はかかりませんが、確定拠出年金は受け取る際に税金がかかります。拠出時に全額が所得控除の対象になっているため、所得に課税される前のお金で運用ができるのですが、受け取り時に課税さ

表12 「iDeCo」の概要

対象者	20歳以上65歳未満の国民年金加入者
運用方法	積み立て
非課税対象	元本確保商品（定期預金、保険商品など）や投資信託など
口座開設可能数	1つ（変更可能）
非課税投資枠	加入者の職業などにより異なる（会社員14.4万〜27.6万円、公務員14.4万円、自営業者81.6万円など）
非課税期間	加入後、給付を受けるまでの期間
投資可能期間	65歳まで拠出可能（最大で95歳まで運用可能）

れてしまいます。

受給年齢に到達して確定拠出年金を一時金で受給する場合は「退職所得控除」、年金で受給する場合は「公的年金等控除」の対象となり、課税を軽減できます。これを優遇措置というかは少々微妙ですが、受け取り方によって、有利に受け取ることが可能です。


このように、強力な優遇措置があります。

また、投資家目線で見ると、「スイッチング」という非課税口座内での運用商品の買い替えが可能で、その回数や金額にはまったく制限がありません（投資信託の信託財産留保額はかかります）。

「iDeCo」の対象商品は、「運営管理機関」と呼ばれる金融機関によってラインナップが大きく異なります。

通常の証券口座、「NISA」口座でのおすすめファンドは第2章でお伝えした通りです。一方、「ｉＤｅＣｏ」（個人型確定拠出年金）口座でインデックス投資を行う場合は、気をつけてほしいことがあります。それは、証券会社（ｉＤｅＣｏでは運営管理機関と呼びます）ごとに、対象商品ラインナップがまったく異なり、選べるおすすめファンドも異なるということです。

通常の証券口座では「ｅＭＡＸＩＳ Ｓｌｉｍ全世界株式（オール・カントリー）」がおすすめでしたが、ｉＤｅＣｏでは必ずしもこれに投資できない場合があり、次善の商品を選ぶ必要があります。そこで、主要なネット証券であるＳＢＩ証券、楽天証券、マネックス証券のｉＤｅＣｏ口座でのおすすめファンドを紹介します（２０２４年１月時点）。

◆SBI証券のiDeCo口座のおすすめ商品

SBI・全世界株式インデックス・ファンド〔愛称：雪だるま（全世界株式）〕
運用会社：ＳＢＩアセットマネジメント　購入時手数料：なし
運用管理費用（信託報酬）：年率０・０１１０２％　信託財産留保額：なし

◆楽天証券のiDeCo口座のおすすめ商品

楽天・オールカントリー株式インデックス・ファンド

〔愛称：楽天・オールカントリー〕

運用会社：楽天投信投資顧問　購入時手数料：なし

運用管理費用（信託報酬）：年率0・0561%　信託財産留保額：なし

◆マネックス証券のiDeCo口座のおすすめ商品

eMAXIS Slim 全世界株式（オール・カントリー）

運用会社：三菱UFJアセットマネジメント　購入時手数料：なし

運用管理費用（信託報酬）：年率0・05775%　信託財産留保額：なし

※通常の証券口座でのおすすめファンドと同じ

いずれも、甲乙つけがたい超・低コストの全世界株式インデックスファンドです。もちろん、通常の証券口座でこれらの商品に投資しても問題ないレベルの良い商品だといえます。

iDeCoはインデックス投資を行う「器」としてみても、非常に魅力的な制度です。しかし、何度も言うようですが、**これは「年金」制度なので、目的は老後資金に絞られ、原則60歳までは引き出せないことは心に留めておく必要があります。**

「NISA」「iDeCo」は損得にふり回されずにうまく活用しよう

「NISA」「iDeCo」のどっちで投資を始めればよいか迷う方が多いと聞きます。特に、iDeCoは、本人の職業や会社の年金制度によって、加入可否や拠出可能金額が異なるため、一般化した説明がしにくい部分があります。各個人が自分で判断しなければならない事が多いので、皆さん悩まれているようです。

これからインデックス投資をはじめる場合、わかりやすさ、はじめやすさから「NISA」が第一優先、理解を深めながら「iDeCo」。

もちろん、両方やるのがいちばん良いのは言うまでもありません。

検討する際に大切なのは、「非課税で最も得する方法」を考えるのではなく、「自分の投資方法にどのように活かせるか」を考えることです。もっとも得する方法を追求するあまり、本来、自分がやろうとしている投資法や金融商品と異なるものに、変な形で投資してしまい、リスクを取りすぎて資産運用を継続できなくなったりしたら、元も子もありません。

そして、インデックスファンドの積み立て投資も長く続けていけば、そのうちに会社で成果を上げたり、昇進したりして、積み立てに回せる余裕資金が増えてくることもあります(もちろん人によりますが)。そうなれば、もう「NISA」「iDeCo」の非課税枠におさまらず、結局、通常の課税口座で運用していく金額が増えていきます。

資産運用の終盤になれば、いずれ保有資産全体に占める非課税口座内の資金の割合は「ごく一部」になるという将来像も、頭の片隅において置かれると実践的でしょう。

資産運用に手間をかけず、本業の仕事に集中できる環境が整えば、それも夢ではありません。特にいま20~30代の若い方は、投資で資産を増やすよりも、仕事の収入を増やす方が「コスパ」がよいと思います。

それにしても、私が投資をはじめた頃は、このような非課税制度はありませんでした。

これから投資をはじめられる方々がうらやましくもあります。

第4章

始めるのはカンタンだけど
続けるのは意外と難しい

損益で一喜一憂する凡人から抜け出よう!

「今から5分間じっとしていてください」と言われても、余計なことが気になって、本当になにもしないでいることはなかなか難しいものです。

インデックス投資についても同じことが言えます。

『ウォール街のランダム・ウォーカー』では、「個人投資家にとっては、個々の株式を売買したり、プロのファンドマネジャーが運用する投資信託に投資するよりも、ただインデックスファンドを買ってじっと待っている方がはるかによい結果を生む」と簡単に言ってくれます。

しかしながら、**実際にやってみると、ただインデックスファンドを買ってじっと待っていることが、意外と大変なのです。**

まず、なんといっても、毎日、自分の大切なお金が増えたり、減ったりしているのです。はじめのうちは、これが気にならないわけがありません。

「今日は3000円儲かったぞ!」と喜んでみたり、「今日は5000円も損した……」とガッカリしてみたり、毎日、証券会社のウェブサイトにログインして、ポートフォリオの損益をチェックして一喜一憂してしまいます。

実際には、資産を売却しない限り、儲けも損も確定していない（含み益・含み損といいます）のですが、あたかも実際に儲かったような気になってうれしくなったり、損したような気になって落ち込んでしまったりするものです。

また、何年か積み立て続けて、投資金額全体が大きくなってくれば、この日々の騰落の金額も、どんどん大きくなってきます。「今日は30万円儲かったぞ！」「今日は50万円も損した……」という感じになってきます。

そして、新聞やテレビからはニュースが絶え間なく流れてきます。本日の日経平均がいくら上がったとか下がったとか、為替レートが円高になったとか円安になったとか。どこぞの企業の経営がピンチだとか、物価が上がったとか、景気が悪くなったとか、どこかの国でテロがあったとか、ミサイルが飛んでくるかもしれないとか。

いずれも、私たちが投資している株や債券のインデックスファンドの値動きに影響を与える可能性があるような話です。

こういう外部からの情報を見るたびに、「今すぐインデックスファンドを全部売ってしまった方がよいのではないか」「今こそ集中的に買い増しするチャンスなのではないか！」と心動かされてしまいます。

頭ではわかっているけれど、気持ちがついてこない。だから、本に書いてあるとおりに実行できない。**私たち普通の凡人に対して、このあたりのフォローが名著『ウォール街のランダム・ウォーカー』でも少々不足していると実感しています。**

それが、私がブログでインデックス投資実践記を20年近く書いているひとつの原動力にもなっています。

「100年に一度」と言われた世界的大暴落のリーマン・ショックのときは、米国株式市場が直近のピーク時（2007年10月）から大底（2009年3月）までに55%もの下落をしました。新聞やテレビでは、連日、「世界同時株安」「バブル後最安値更新」「数千人規模のリストラ」「〇〇工場閉鎖決定」などと、まるでこの世の終わりのようなトーンの報道ばかりしていました。

私がインデックス投資ブログで相互リンクして懇意にさせてもらっていた30ほどのブログのおよそ半分は、その後更新が停止したか、もしくは、インデックス投資をやめて怪しい投資法に鞍替《くらが》えしてしまいました（その後、大儲けしたという話は寡聞にして聞きませんが……）。

想像してみてください。

もし、そのような大暴落に遭ってしまったとき、目の前で自分の資産がどんどん溶

けて目減りしていくのを見ながら、はたしてあなたは積み立てを続けられますか？

インデックス投資は始めるのはカンタンでも、続けるのは意外と難しいのです。

投資は孤独な道のり ——なにを信じればいいの？

インデックス投資は簡単で手間がかからない投資法ですが、今後何十年も継続するためには、なぜこの方法でリターンが得られるのかという本質的な部分を十分に理解して、腹に落とし込んでおくことがとても重要だと考えます。

「型」だけをなぞって始めることは簡単ですが、投資は自己責任であり、孤独な道のりです。道中、誰も道案内をしてくれません。手取り足取りアドバイスしてくれません。

インデックス投資の本質部分が腹に落ちていないと、人は少しの損失であわてふためき、怖くなってすぐに売却してしまい、結局はインデックス投資を継続できなくなってしまうことを、リーマン・ショックのときに嫌というほど実感しました。

図13　実質トータルリターン（1802～2012年）

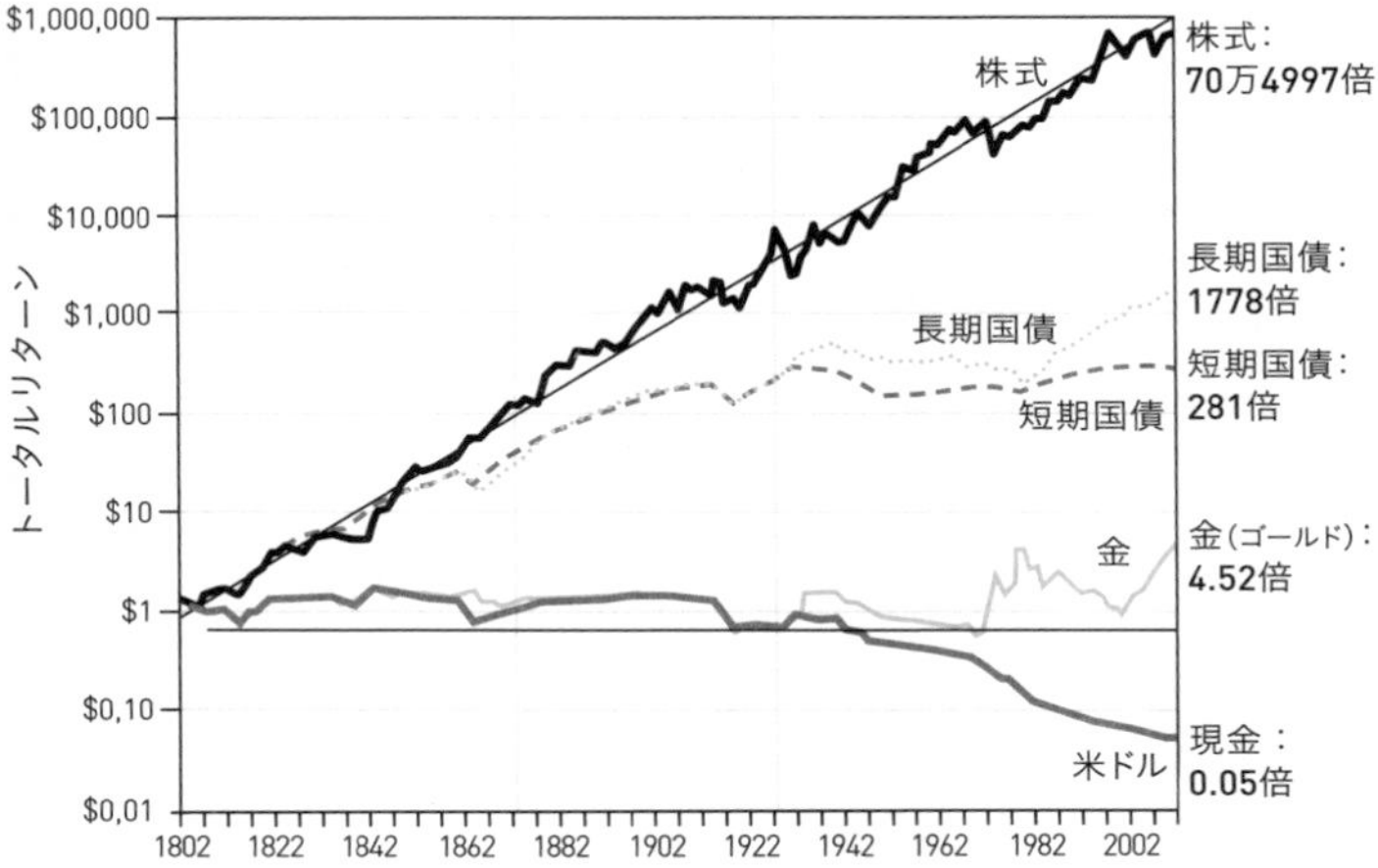

Jereny J. Siegel “Stocks for the Long Run” FIFTH EDITON より

それでは、インデックス投資のよりどころとはいったいなんでしょうか。

ここで質問です。

米国で1801年に株に投資した1ドルは、200年後に実際いくらになったと思いますか？

「10倍？　100倍？」

いいえ、**約700000倍**です。

70倍ではなく、70万倍です。

図13は、各資産クラスごとに、200年前に投資した1ドルが、200年後にいくらになっているかを示しています。しかも、名目リターンからイン

フレ率を引いた「実質トータルリターン」です。

この200年の間には、最悪の世界戦争（第一次世界大戦・第二次世界大戦）や、史上最大規模の世界的株価大暴落であるブラックマンデーなどが起こっています。日々、新聞やニュースで取り沙汰《ざた》されている諸問題とは比較にならない大嵐を乗り越えて、この結果です。

株式という「仕組み」が持っている力を思い知らされます。

債券についても、株式ほどではないにしても、長期国債で1778倍、短期国債で281倍となかなかの上昇っぷりです。

一方で、キャッシュ（米ドル）は、200年間で20分の1に減ってしまいました。主にインフレのせいですが、株式のリスクを恐れるあまり、キャッシュを長期で貯めこんでいるとどうなるのか、考えさせられます。

天邪鬼《あまのじゃく》な方から、「どうせ米国だけの成功事例だろ？」という疑問が聞こえてきそうです。

では、次のページの図14を見てください。

各国の株式と国債の利回りを表しています。米国だけでなく、日本株、ドイツ株、英国株いずれも長期では右肩上がりで推移してきたことがわかると思います。

図14　各国の株式の実質利回りと債券の利回り（1802〜2001年）

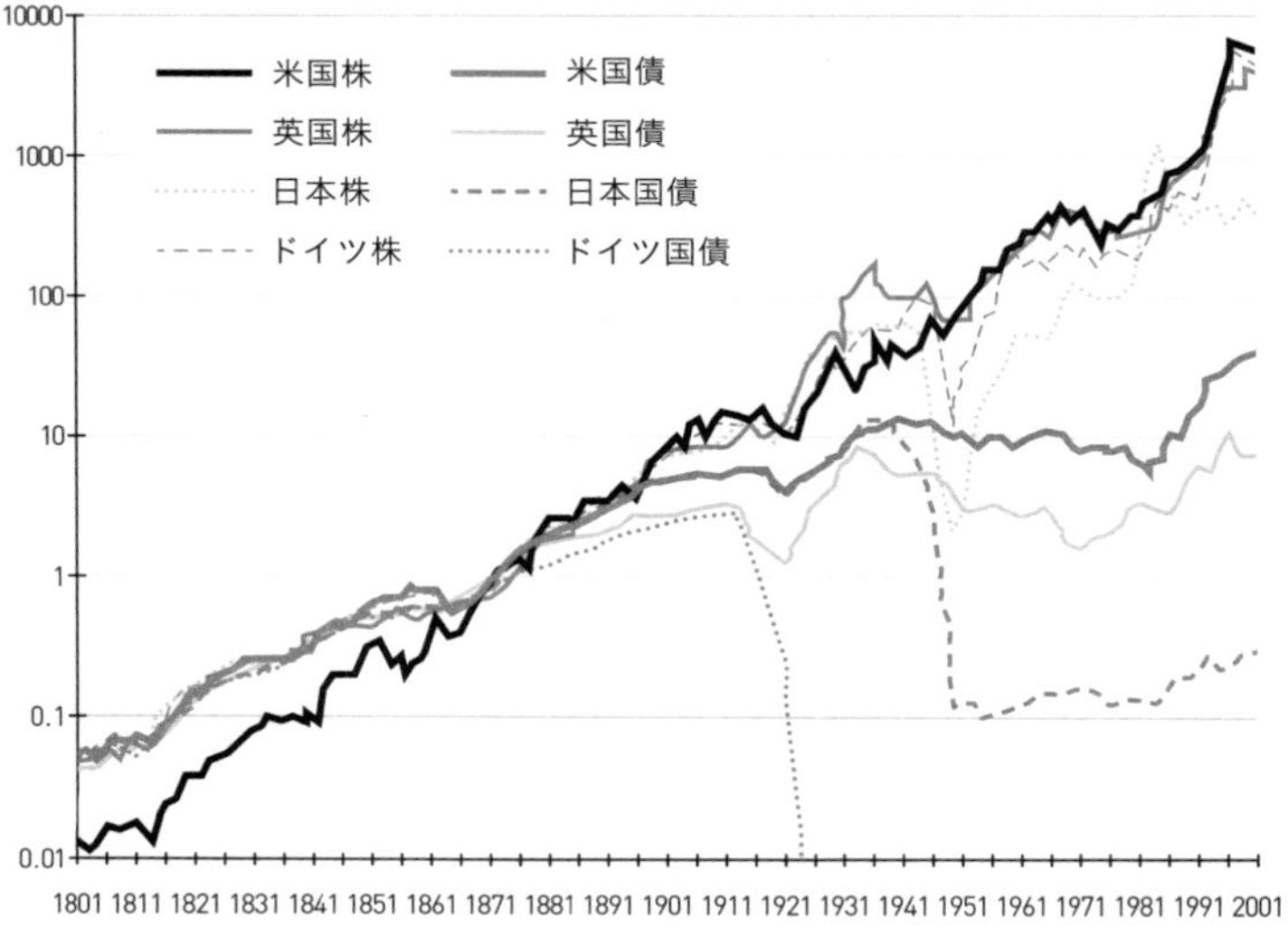

ジェレミー・シーゲル著『株式投資 長期投資で成功するための完全ガイド』（日経BP社）より

ただし、ドイツと日本の国債だけはひどく落ち込んでいます。

これは、ドイツは両世界大戦の敗戦国、日本は第二次世界大戦の敗戦国で、国債が紙切れ同然になってしまったことが原因だと思われます。戦争に負けるような事態になると、国債は右肩上がりを続けられません。

それでも、株式はドイツも日本も右肩上がりです。やはり、株式という「仕組み」が持っている力を思い知らされます。

過去の出来事がそのまま未来に続くわけではありませんが、「**愚者は経験に学び、賢者は歴史に学ぶ**」（ビスマルク）という言葉のとおり、長期的な歴史を知っておくことは大事なことだと思います。

グルグル回って自己増殖する「資本」

それでは、なぜ、世界各国の株式が右肩上がりに上昇してきたのでしょうか。

それは、**これらの国々を支える資本主義経済が拡大再生産し続ける仕組み**だからだと考えられます。

資本主義とは「労働力を商品化し、剰余労働を剰余価値とすることによって資本の自己増殖を目指し、資本蓄積を最上位におく社会システム」（ブリタニカ国際大百科事典）のこと。

言葉で見てもよくわからないので、図解してみました（155ページの図15）。

まず、お金を持っている資本家が、企業に投資します（企業を所有することと同義）。

労働者は労働力を企業に提供します。企業は市場で求められる付加価値が高い製品やサービスを生産します。

企業はそれを売って得た利潤から労働者に賃金を払い、残った利潤を資本家に配当（もしくは株価の上昇）という形で還元します。

資本家はさらに儲《もう》けるために資本を企業に投じ、労働者もさらに賃金をもらうため労働して、こうしてグルグル回っているうちに、資本が自己増殖していく。その過程で株価も上がっていく。こういう仕組みが資本主義経済です。

これがまた、人々の「豊かになりたい」という欲望に見事に合致しているものだから、資本主義経済は拡大再生産し続けているというわけです。

人々の欲望には限りがありません。目的地へ早く移動したいという欲望が、自動車を生み出し、一度自動車を手に入れた人は、もう、飛脚や馬車には戻れません。安全や快適性などさらによいものを求めます。

家事を楽にしたいという欲望が、洗濯機やロボット掃除機を生み出し、手に入れた人は、もう洗濯板や掃除機には戻れません。

ガス湯沸し風呂を手に入れたら、薪で沸かす五右衛門風呂《ごえもんぶろ》には戻れません。もっと豊かに、もっと快適に、人々は満足することなく、よりよい製品やサービスを求めます。

日本では、景気が悪くなると、「清貧の思想」「足るを知る」といった、今あるもの

図15　資本主義の拡大再生産

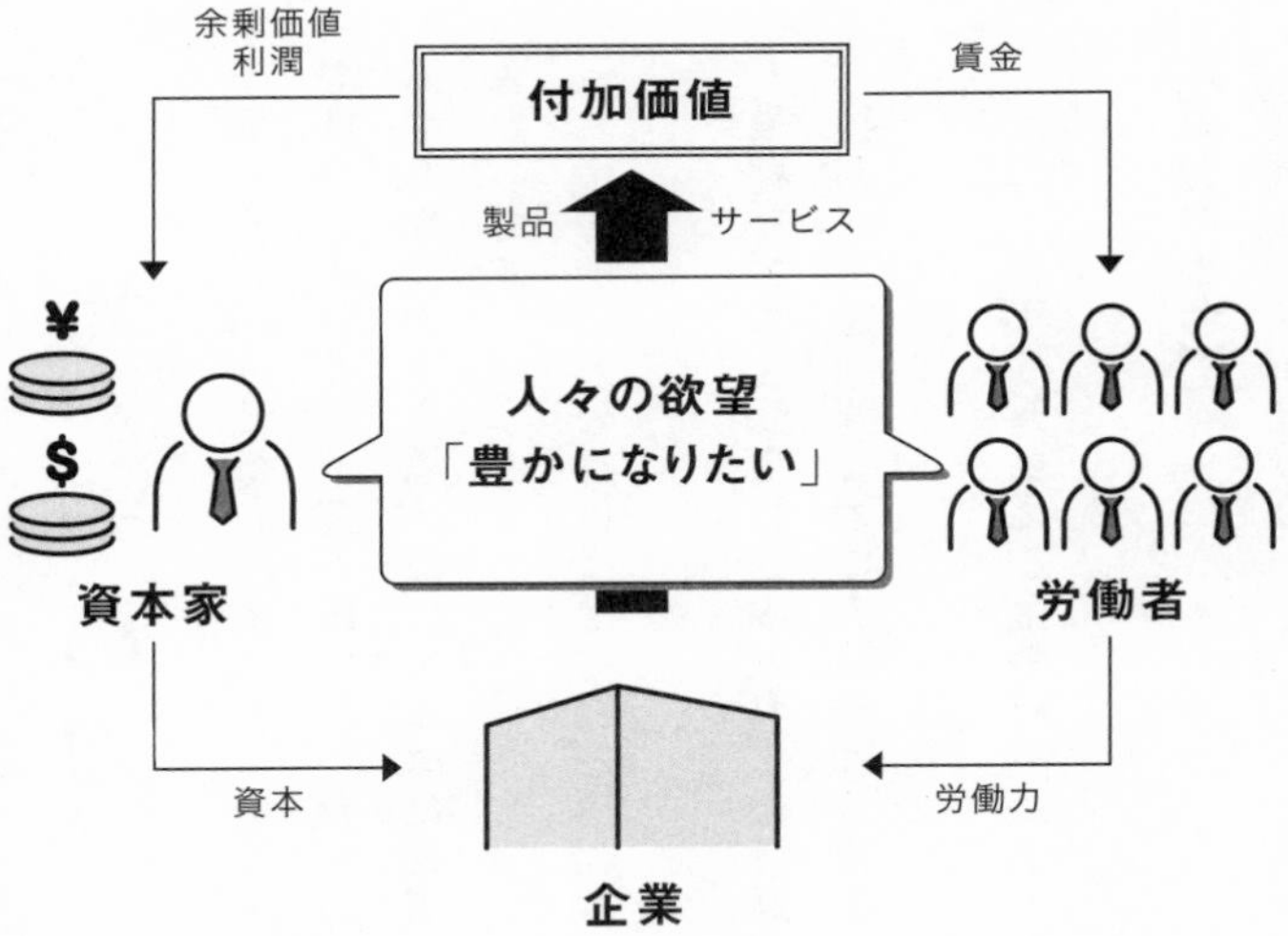

で生きようというような思想が一時的に流行することはありますが、いずれ「節約疲れ」といって人々はまたよりよい製品・サービスを求め始めます。

　また、日本にいると「少子高齢化」「人口減少」という単語を耳にタコができるほど聞かされますが、**地球全体で見ると、人口減少というのは一部の先進国だけの事情で、地球上の人口はどんどん増えています。**

　資本主義経済の拡大再生産は止まりようがありません。

あとでドッカーンと効いてくる「複利」の力

株式が長期的には右肩上がりというのはよいとして、それにしても、前出のグラフで株式が200年で70万倍になったというのは途方もない増え方です。**このようにとんでもなく大きな増え方になるのには、もうひとつ、株式が「複利」の力を持っているからです。**

お金の増え方の計算には単利と複利の2つがあります。

単利＝利息を元金に組み入れずに計算する方式
複利＝一定期間ごとに支払われる利息を元金に組み入れて計算する方式

仮に、毎年5％増える金融商品があったとしましょう。

【単利の場合】
投資元金　100万円

1年後　100万円＋（100万円×5％）＝105万円
2年後　105万円＋（100万円×5％）＝110万円
3年後　110万円＋（100万円×5％）＝115万円
10年後　145万円＋（100万円×5％）＝150万円
100年後　595万円＋（100万円×5％）＝**600万円**

【複利の場合】

投資元金　100万円
1年後　100万円×105％＝105万円
2年後　105万円×105％＝110万円
3年後　110万円×105％＝116万円
10年後　155万円×105％＝163万円
100年後　1億2524万円×105％＝**1億3150万円**（！）

複利の場合、単利とくらべて少しずつリターンが大きくなっていることがわかると思います。1〜3年だと小さな差ですが、時間が経つにしたがって元金は「雪だるま式」に大きくなっていき、10年、100年という長期間が経つと、途方もなく大きくなるのです。200年も経てば、それこそ数十万倍になります。

かつて、アインシュタイン博士は複利の概念こそ「人類最大の数学的発明だ」と言いました。この概念は知っておいた方がよいと思います。

ただし、私たち人間には寿命というものがあり、投資ができる期間は、せいぜい数十年くらいしかありません。

しかも、複利はプラス方向だけではなく、マイナス方向にも効いてきます。

株式市場は上がったり下がったりしながらゆっくりと増えていくので、個人が机上の計算通りに数十万倍に増やすことはできないでしょう。

しかし、「人類最大の数学的発明」である複利の概念に沿った形で、**なるべく長期間投資することによって、複利の力を働かせやすくすること**はできます。長期的な株式投資は、目先の小さな損益にはあまり意味はなく、**長い運用期間の後半にこそ、複利の力が効いてくるのだ**と覚えておくとよいでしょう。

「前年同期比でプラス」は資本主義経済の強烈なエンジンとなる

さて、ちょっと話が大きくなり過ぎ、ピンとこない方もいらっしゃるかもしれません。ちょっと身近な話をします。

２００９年の春、あれはリーマン・ショックの余波で日本経済はどん底状態。私が勤める会社の業績もどん底状態の頃、私は会社で次年度の事業計画を策定していました。頭を悩ませていると、部長がこんなことを言ってきました。

部長「水瀬君、来年度の売上計画は今年度実績マイナス10％でいこう」
水瀬「えっ、それでいいんですか、部長!?」
部長「ああ、無理しないでいいんだよ」
水瀬「でも……」
部長「再来年はさらにマイナス20％、その次の年はマイナス30％でいこうじゃないか。ワッハッハ」
水瀬「本当ですか！　なんてやさしい事業計画なんだー！」

水瀬（ハッ）

……夢でした。

連日遅くまで事業計画策定の仕事をしていて、相当疲れていたんですね。

実際の会社では、このようなことは絶対にありません。自分の勤務先の会社も、毎年毎年バカのひとつ覚えのように前年同期比でプラスの売上・利益を目指してもがいています。

これは、バカなのではなく、企業が利益の拡大再生産を宿命づけられている存在である証拠といえましょう。あなたの勤務先はどうでしょうか。毎年、マイナスの事業計画を立て続けていますか。いいえ、基本的にはプラスの事業計画を立てて、株主に説明しているはずです。

万が一、自分の勤めている会社が、毎年、前年同期比でマイナスの事業計画を立て続け、利益拡大を目指さない。また求められもしない。もしそんな時代が来たら、資本主義経済の拡大再生産は終焉《しゅうえん》するかもしれません。しかし、そうでないのであれば、長期的には株式投資の未来は明るいのではないかと思います。

世界中の株や債券に国際分散投資するインデックス投資は、そんな資本主義経済の

成長に投資することと同じです。
バイ＆ホールドでも儲かると考えられる理由はここにあるのです。

「資本主義経済の拡大再生産」のパワーの取り出し方

よし、それならさっさとインデックスファンドに投資して、資本主義経済の成長とやらを取り込んで、サクッと大儲けさせてもらおうか！

そう考える方がいらっしゃるかもしれません。しかし、残念ながら、**資本主義経済の成長という果実を享受するのには、長い時間が必要なのです。**

まず、ひとつの企業にあてはめて考えてみても、資本家が資本を企業に投下して、企業が生産設備（あるいはサービス提供の仕組み）をつくり、そこに労働者を招き入れて教育して、生産ができるようになるまでには、相応の時間が必要になります。

また、その製品・サービスが世の中に受け入れられるようになるためには、営業やプロモーションをしなくてはいけないでしょう。企業が成長するためには、やはり相応の時間が必要で、サクッと短期で成果が出るようなものではありません。

世の中の企業はみな成長したいと考えているはずですが、生産する製品・サービスが必ず売れるとは限りません。なかには大失敗して淘汰《とうた》されてしまう企業もあるでしょう。それらの失敗に学び、別の新しい企業が出てきて……ということを繰り返しながら、経済はゆっくりと成長していくため、やはり相応の時間が必要なのです。

さらに、株式市場では、個々の企業に対して市場参加者たちが株式を売買することによって、日々値付けが行われていますが、短期では、市場参加者の思惑が複雑に交錯し、株価はフラフラと上がったり下がったり、結果的に見ると、さしたる意味もなくほぼランダムに動き回っています。

プロが銘柄選定と投資タイミングを図って売買しても、80～90％は市場平均にすら勝てないという現実が、短期的な株価予測がいかに難しいかを雄弁に物語っています。ましてや、「資本主義経済の拡大再生産」のパワーは、短期ではうまく取り出すことができません。

しかし、長期となると話は別です。

長期なら**「平均回帰性」**という力の後押しを受けることができます。そうすれば、「資本主義経済の拡大再生産」のパワーを取り出せる可能性が高まります。

「平均回帰性」なんて言葉は、あまりなじみがないかもしれません。

「平均回帰性」とは、短期的にはランダムに発生しているように見える事象であっても、長期的には平均値に収束していく性質のことです。統計学では「大数《たいすう》の法則」と呼ばれています。

簡単な例を出します。すごろくなどに使うサイコロです。サイコロを振ると、1から6までの数字がランダムに出ます。ある目が出る発生確率は6分の1ですね。

1回振って6が出たとします。2回目も、連続して6が出たとします。なんと3回目も6が出たとします。まあ、3連続で6が出る程度ならすごろくでも「おおツイてるなあ」程度であり得ることでしょう。

しかし、サイコロを振る回数を10回、100回、1000回、1万回、10万回と増やしていくとどうなるでしょうか。10万回サイコロを振ったら、6が出る回数は1万6666回（100,000 ÷ 6 = 16666.66666…）に近い回数になります。

回数を増やせば増やすほど、6が出る回数は、だんだんと理論的な発生確率である6分の1に収束していきます。

保険会社などは、この「平均回帰性」「大数の法則」を活用して、事業を行っています。契約者個人にとってはめったに起こらない事故であっても、契約者を何万人、何十万人と大量に集めれば、「大数の法則」にしたがって事故の発生確率を全体として予測できることから、保険会社が損をしないような保険料を計算して、保険商品として販売しています。

投資において、「資本主義経済の拡大再生産」のパワーというとらえどころのないものであっても、長期で投資し続ければ、平均回帰性の力が働いて、あるべき平均値（期待リターン）に収束していき、投資のプラスリターンとして取り出せるというわけです。

世の中にはいろいろな現象や法則がありますが、世界最大のインデックスファンド運用会社である米国バンガード社は、**「投資の世界で最も一貫性のある現象が、平均回帰性である」**と主張しています。

このように、過去の株価の圧倒的な右肩上がりは、資本主義経済の拡大再生産によるものであり、そのエンジンが人々の「豊かになりたい」という尽きることのない欲望であることが、今後も拡大再生産が続いていく根拠であり、インデックス投資のよりどころであると私は考えています。

そして、その資本主義経済の拡大再生産のパワーを取り出すには「平均回帰性」

「大数の法則」の力が必要で、そのためには短期ではなく長期で、できるだけ長く市場にとどまり続けることが必要であるということが、相場の騰落に惑わされず、バイ&ホールドを継続しなくてはならない理由だと考えています。

インデックス投資のよりどころは、経済学の話であり、統計学の話でもあります。本書で取り扱っているのは、ほんのさわりの部分だけです。今後も、機会をとらえて深掘りして勉強していくことをおすすめします。より深く腹に落ちてくるでしょう。

プロは絶対教えてくれない「インデックス投資を続けるコツ」

インデックス投資のよりどころを共有できたところで、インデックス投資を継続するにあたって、きっと気になるであろうポイントと考え方を、私の経験を交えてご紹介したいと思います。

インデックス投資では、投資をやったことのない方の一般的なイメージとはまったく異なる考え方に基づいています。

一般的なイメージ：銘柄を選ばなければ儲かるわけがない
インデックス投資：銘柄を選ばなくても儲かる

一般的なイメージ：タイミングを図った売買をしなければ儲かるわけがない
インデックス投資：タイミングを図った売買をせずにバイ&ホールドするだけで儲かる

一般的なイメージ：買いたくないときに買ってはいけない
インデックス投資：買いたくないときにも買わないといけない

一般的なイメージ：売りたくなったときには早めに売ることが大事
インデックス投資：売りたくなったときには売らないことが大事

したがって、投資を続けるコツも、フツーの投資（テクニカル分析やファンダメンタル分析）の常識とはかなり異なっています。

また、金融機関は顧客である投資家が、売ったり買ったりのアクションを頻繁にすればするほど手数料が入る仕組みになっています。投資家が最適なインデックス投資の方法を継続すると、金融機関にはほとんど手数料が入らないので、あまり教えたがりません。インデックス投資の実践者ならではの話かもしれません。

「今さら始めるのは……遅い？」と迷っているあなたへ

インデックス投資を始めるのに、遅いも早いもありません。なぜなら、投資タイミングを見計らって買ったり売ったりする必要がないからです。

株価が安いときに始めた方が有利ではないかと思われるかもしれませんが、インデックス投資では毎月一定額を積み立てていくので、インデックスファンドの取得価格は、今後数十年にわたる投資期間で平準化されます。

言い方を替えると、インデックスファンドの取得価格は、「今後数十年かけてつくっていくもの」であるとも言えます。

だから、今が始めどきかどうかを考えることは、あまり意味がありません。

また、インデックス投資を始めたばかりの頃は投資総額が小さいので、将来、投資総額が数百万円、数千万円という水準に積み上がった時点から振り返ってみたら、考えるだけ無駄だったと思うような小さな話でしかなくなっているはずです。

むしろ、積み立て始めてからは、株価が下がってくれた方が、安く仕込めて（取得価格を下げられて）うれしいと感じるようになると思います。

もちろん、最終的には株価が上がってくれないとリターンは出ないわけですが、積み立てている最中は、株価が下がってもうれしいというのは積み立て投資ならではの不思議な感覚です。

人間には寿命があります。使い古された言葉ですが、**「人生で今日がいちばん若い」**わけです。そして「平均回帰性」「大数の法則」の力を引き出すのには長い期間が必要です。であれば、**今が始めどきかどうか、迷ったり悩んだりして時間を使ってしまうことはあまりよい手ではありません。**

相場が大暴落したらどうすんのよ!?

あらかじめ申しあげておくと、**過去何度も相場の大暴落があったように、今後も大暴落は起こります**。そして、たとえ発生確率が１％の大暴落でも、１００年に１回だから１００年後まで来ないなどという保証はまったくなく、今年にでも発生確率１％の大暴落が起こることはあり得ます。

いつ起こってもおかしくないのです。

大暴落をうまく避けることができれば、それに越したことはありません。大暴落の直前まで投資を続けて、大暴落が来る直前に一気に売却して、相場の底で一気に買い戻して……ということができれば最高です。

しかし、第1章で書いたとおり、適切なタイミングで売買するということは、とても難しいことです。プロが適切な銘柄を適切なタイミングで売買して、インデックスを上回るリターンを目指すアクティブファンドの80～90％は、インデックスのバイ＆ホールドに勝てないことを、もう皆さんはご存じのはずです。

残念ながら、インデックス運用であろうと、アクティブ運用であろうと、誰もが大暴落をうまく避けることはできないと腹をくくる必要があります。

大暴落を避けられないとすれば、どうすればよいのか？

ポートフォリオのリスク水準を、自分のリスク許容度の範囲内に抑えた資産配分にしておくことです。

もし大暴落が来たとしても、市場にとどまり続けることができれば、相場の回復をゆっくりと待つことができます。そして、**積み立て投資を続けることができれば、暴落中、暴落後は「絶好の買い場」となり得ます。**

実際に、2008年のリーマン・ショックのときには、積み立てたそばからそれ以上に値下がりしていくような地獄絵図で、正直に言って私も心穏やかではありませんでした。

でも、翌2009年3月に底を打ってからは、相場がV字回復したことに驚きましたし、その回復の勢いがあまりに急だったことに、さらに驚きました。

まさに「昇竜拳《しょうりゅうけん》！」という感じでした。

地獄絵図のなかで、アクティブ投資家たちが狙《ねら》っていた買い時（暴落相場の転換点）は、あっという間に終わってしまったのです。アクティブ投資家の買い時は、早すぎても暴落で損失を被《こうむ》るし、遅すぎても上昇相場に乗り遅れるため、往々にしてインデックスのバイ&ホールドに劣るリターンしか上げられないことになりがちです。

タイミング投資は本当に難しいなと思ったものです。

ポートフォリオのリスクは、資産配分（アセットアロケーション）の国内債券クラスの比率で調整するのが効果的だと第2章で説明したとおりです。

インデックス投資を継続するにあたって、大暴落が怖くて怖くて仕方がないのであれば、それはリスクの取り過ぎかもしれません。株式クラス（国内株式・先進国株式・新興国株式）の比率を下げて、国内債券クラスの比率を上げるとよいと思います。

相場が好調なときにこそ「リスク許容度の確認」をすべし！

ここで超重要なことをお伝えします。

ポートフォリオのリスクが自分のリスク許容度の範囲内に収まっているかの確認は、株価が好調なときにこそ行うべきです。

暴落してから行うのでは遅いのです。

なぜなら、暴落時にリスクを取り過ぎていたことに気づいても、すでに資産は毀損《きそん》しており、そこから投資額や資産配分を調整しようとすると、資産価格が下がっているときに損失を確定することになってしまうからです。

おすすめなのは、株価がググッと上がったときに、プラスとマイナスを入れ替えて、同じだけ下がったら耐えられるかと自問自答することです。

たとえば、株価が大幅に上がり、1日で資産が50万円増えた日には、「50万円も儲かった！」と喜ぶだけでなく、「もし、50万円損したら耐えられるだろうか……？」と、逆の場合のことを考えてみるといった具合です。「そ、それはちょっと耐えられないな……」と感じるのであれば、それは運用資産が自分のリスク許容度を超えている可能性があり、前述の対処（資産額や資産配分の調整）が必要になります。

株価が高いときに資産を売ることは利益確定になり、もっと言えば「勝ち逃げ」の形になるので、悪い話ではありません。リスクを取り過ぎていたこと自体はミスですが、美味《おい》しい形でミスを修正できて、結果オーライとなります。

だからこそ私はブログで、暴落局面ではなく、相場が好調なときにこそ、繰り返し「リスク許容度の確認を」という記事を投稿しています。

好調相場で世の中が盛り上がっているところに、冷水を浴びせる形になるのであまり評判はよくないのですが、**市場から退場してしまわないための「予防」こそ、本当は価値のある情報のはずです。**

余談ですが、私はコンビニで売っているアイスの「ガリガリ君」を年に1回か2回程度買うことがあるのですが、本書の執筆をしている2017年に、買ったガリガリ君が当たり、引き換えでもう1本もらったガリガリ君がさらに当たるという、2回連続の「アタリ」が出て驚きました。

ガリガリ君が当たる確率は、3・2%らしいので、2連続で当たる可能性は3・2%×3・2%で、わずか0・1024%になります。

何十本、何百本と買っているわけではないのに、それでも当たるときには当たるのです。発生確率が極めて低くても、起きるときには起きるものだなと実感しました。

ご注意召されよ。

どうしても売りたくなったときにふれるべき言葉①

リスク許容度の範囲内で投資をしていても、暴落は嫌なものです。読者の方で、本格的な暴落を経験したことがある人は、「暴落中はそんな冷静でいられないんだよ！」と反論したくなっているかもしれません。

そのとおり、私もそう思います。

暴落中は、一刻も早く逃げ出したくてたまらなくなります。損失のことを考えると、悔しくて、悔しくて、仕方がありません。バイ&ホールドがよいと頭ではわかっていても、気持ちがついてこないのです。

リスク許容度の範囲内で投資をしているはずなのに、気持ちがついてこないときには、どんなことをしてでも、気持ちを冷静に保つ努力をする必要があります。

そこで、私が実際にリーマン・ショックや東日本大震災の大暴落のときにバイ&ホールドを継続するのに有効だった方法をこれからご紹介したいと思います。

まずは、**インデックス投資の古典・名著から、勇気を分けてもらうことです。**

どうしても売りたくなったときに何度も読むことで、自信を取り戻せたり、近視眼的になっていたと気づかされたりして、投資しているインデックスファンドを売却するのをなんとか思いとどまることができました。

本書で何度も登場しているインデックス投資のバイブル**『ウォール街のランダム・ウォーカー』**(バートン・マルキール著)からはこの言葉。

カルガリー大学のリチャード・ウッドワード教授とジェス・チュア教授による研究の結果は、長期投資として株式を保有し続けるほうが、マーケット・タイミングをはかって売買するよりもうまくいくことを示している。

なぜなら、強気相場の期間に株式から得られる利益は、弱気相場によって被る損失よりも遥《はる》かに大きいからだ。

両教授は、マーケット・タイミング型の投資家がバイ・アンド・ホールド型の投資家のパフォーマンスを上回るためには、70%の確率でマーケット・タイミングについて正しい判断を下さなければならないとの結論を下している。

7割もの打率で市場の転換点をあてることのできる人物に、私はついぞお目にかかったことがない。

『ウォール街のランダム・ウォーカー』（バートン・マルキール著）より

インデックスファンドを売って得た現金は、そのままなにかに使うことが決まっていない限り、いつかまた投資することになります。そこで、売ったときよりもさらに安い基準価額で買い直せないと、売った意味がありません。

一時の気の迷いで売ったものを、また高く買い戻すだけだと、課税により資産額を減らしてしまううえに、せっかく低かった取得価格を無駄に引き上げてしまう結果になりかねません。

安く買って高く売ればいい？

バイ&ホールド戦略を上回るためには、マーケット・タイミングを70%という高確率で当て続けなければならないというハードルの高さです。メジャーリーグのイチロー選手の打率だって3割なのに、あなたは7割の打率で打てますか？

どうしても売りたくなったときにふれるべき言葉②

『ウォール街のランダム・ウォーカー』と並んでインデックス投資のバイブルと言われている**『敗者のゲーム』**（チャールズ・エリス著）からはこの言葉。

投資の世界では、感情は必ず間違った方向に投資行動を導くものである。気分の高揚している時（たいていは市場のピーク）は株を買いたくなり、不安を感じる時（たいていは市場が低迷している時）は売りたくなるものである。健全な長期投資にとって、直感こそが敵であり、理性こそが友である。

『敗者のゲーム』（チャールズ・エリス著）より

健全な長期投資においては、直感こそが敵であり、理性こそが友である。

私はこの言葉を何度かみ締めたかわかりません。

エリス氏の言葉は、最新の「行動経済学」という分野の研究でも裏付けられています。**プロスペクト理論によると、人間は、利益よりも損失により強く反応する心の歪《ゆが》**

みがあり、特にプラスマイナスゼロ近辺でその傾向が顕著に出ることがわかっています。これは、人類共通の「感情の罠《わな》」とも言えるでしょう。

特に、今まで損益がプラスだったのに、相場暴落によってマイナスに転じたとき。そのときこそ、いちばん心の歪みが表れてしまうのですから、要注意です。心の歪みが出てしまうのは人類である以上仕方がないことですが、このことを、事前に知っているのと知らないのとでは、大きな違いがあるはずです。

繰り返しますが、健全な長期投資においては、「直感こそが敵であり、理性こそが友」であることを忘れてはなりません。

どうしても売りたくなったときに ふれるべき言葉③

続いて、米国バンガード社を設立したジョン・C・ボーグルが記した**『マネーと常識　投資信託で勝ち残る道』**からはこの言葉。

企業が獲得する豊富なリターンの上に作用する複利の力を過小評価してはならない。過去1世紀にわたり、米国企業はその資本に対して平均年9・5%の利回りを計上してきた。

この利率で10年間の複利計算をすると、当初投資した1ドルは2ドル48セントに増える。20年では6ドル14セント、30年では15ドル22セント、40年では37ドル72セント、50年では93ドル48セントになる。

複利の魔法は、驚異的である。

つまり、資本主義は、企業の成長・生産性・豊かな資源・革新を通じて富をもたらし、その所有者たる投資家にとってはプラスサムのゲームを提供する。

『マネーと常識　投資信託で勝ち残る道』（ジョン・C・ボーグル著）より

「資本主義は、企業の成長・生産性・豊かな資源・革新を通じて富をもたらし、その所有者たる投資家にとってはプラスサムのゲームを提供する」というフレーズは、ネット証券のウェブサイトで表示されている無機質な（そして無慈悲な）数字の大幅な下落でつい忘れかけていた存在である「資本主義」「企業」を思い出させてくれます。

資本主義経済は、人々の「豊かになりたい」という尽きない欲望をエンジンに、企

業が製品・サービスを生産し、付加価値を生み出すことで、拡大再生産されていきます。株価がどうなろうと、です。

株式市場が未曾有《みぞう》の大暴落をしたからといって、人々がものを食べなくなったり、服を着なくなったり、家に住まなくなったりするのであれば話は別ですが、はたしてそうでしょうか。

暴落時には「大暴落」「資本主義の終わり」というようなタイトルの書籍が書店に山積みになります。これを見て「世の中もうおしまいだ……」と落ち込む必要はありません。

なぜなら、その本の著者や出版社は、その本を書いて売ることによって、お金を儲けようとしているではないですか。

これこそ、人が欲望を失っていない動かぬ証拠です。

ネガティブな記事やニュースを垂れ流す新聞やテレビなどのマスコミも同じです。センセーショナルなニュースは売上増につながるため、マスコミは普段以上に大いに張り切るわけです。儲ける気満々です。株価が大暴落したくらいで、勝手に人類全体を無欲化させたり、退化させたりしてはいけません。

大暴落でマスコミや書店の山積みの本が騒げば騒ぐほど、「おお、そんなに儲けたいのか。そうかそうか頑張れよ」と、むしろ資本主義経済の未来に自信がわいてくるというものです。

売るに売れない「仕組み」をつくっておく裏ワザ

私たちは感情を持つ人間なのだから、仕方のないことです。

しかし一方で、創意工夫ができる脳ミソも持ち合わせています。せっかくですから、フル活用しようではありませんか。

どうしても資産を売りたくなってしまうときに売らずに我慢するために、有効なことのひとつに、売ろうにも売れない「仕組み」をあらかじめつくっておくこともあげられます。

もっとも強固なのは、運用資産のすべて、もしくは一部を**確定拠出年金**（DC）で活用することです。企業型、個人型と種類はありますが、ここでインデックス投資家にとって最も利用価値があるポイントは、**原則60歳まで解約できないこと**です。

これは年金としての特徴ではあるのですが、**インデックス投資においては、強制的に積み立てとバイ&ホールドが継続できる仕組みとして活用できます。**

もちろん、「スイッチング」という運用商品変更も可能ではあるのですが、それはそれで面倒くさく感じることから、売却の抑止力になります。

NISAを活用することも有用です。NISAは少額投資非課税制度で、非課税枠が毎年設定されるものの、NISA口座内で一度商品を購入すると非課税枠は消費されて、売却しても非課税枠が復活するのは翌年で、しかも金額は売却額ではなく、買った時の金額（簿価）分だけです。

つまり、**非課税枠いっぱいまで投資していれば、非課税での運用商品の自由な乗り換えは難しい仕組みになっているのです。**

これは、過去に金融機関が、投資家に非課税口座内で商品を次々に乗り換えさせる「回転売買」をさせて手数料稼ぎをしてきた事実に対して、金融当局がNISA制度を設計する際に回転売買の温床となることを防止するために設けられた条件と言われています。

一般的には、投資家の利便性を損ねている制度上のデメリットと捉えられていますが、私たちインデックス投資家は、このデメリットでさえも、売らずに我慢するために活用してしまいましょう。

他にも、もっと泥臭く、即効性のある方法はないのでしょうか？

あるのです。

以下は、私がインデックス投資を実践するなかで、自ら発案・実践したアイデアに加えて、ブログ運営のなかで、読者の方々から提案されたアイデアをまとめたものです。

すっかりおなじみのものもある一方、新しいものもあると思います。一見、泥臭くてくだらないと思えるようなアイデアでも、バイ＆ホールドを完遂するために役立つのであれば、試してみる価値はあるはずです。

売らずに我慢するテクニック①

Yahoo Financeでダウ平均株価チャートのmax期間を見る

185ページの図16を一目見ればわかるように、**米国株式インデックスであるNY**

ダウは、騰落しながらも長年にわたって右肩上がりです。インデックス投資に自信がわいてきませんか。

しかし、ここで大事なのは、売りたくなるようなときにはグラフのいちばん右端が、大きく下がっている状態であろうことです。

ここで「右肩上がりじゃないじゃないか！」と絶望するのではなく、過去うん十年の下げ相場が、どのくらいの期間に渡って続き（永遠に下げ続けたわけではない）、どのくらいの期間で反転上昇し始めたかを、過去の歴史に学ぶのです。

売らずに我慢するテクニック②

構成銘柄企業群に思いを馳《は》せよ

日本、先進国、新興国という全世界の投資可能な市場時価総額の85％以上をカバーしている「ＭＳＣＩオール・カントリー・ワールド・インデックス（ＡＣＷＩ）」を構成する上位銘柄を見てみましょう。

アップル、アマゾン、グーグル、マイクロソフト、テスラ、フェイスブック、エヌ

図16　NYダウ平均株価のmax期間（Yahoo Financeより）

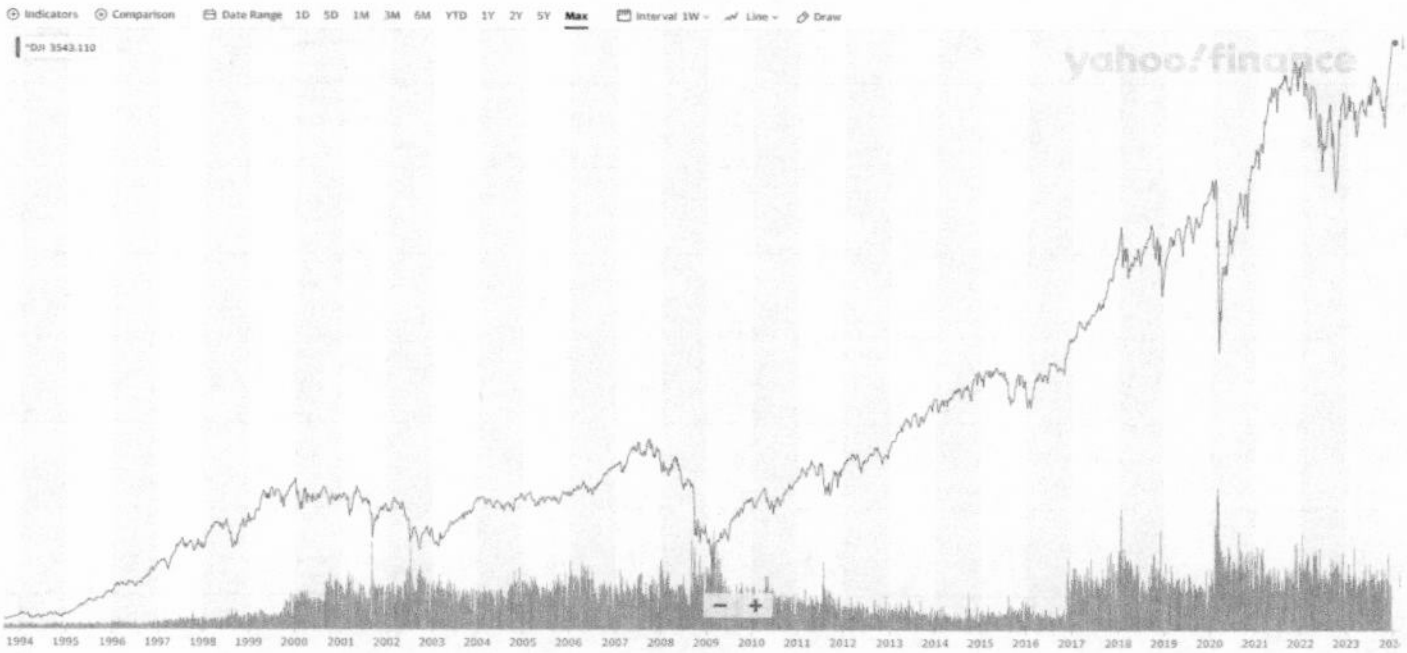

ビディア、台湾セミコンダクター、ＪＰモルガン・チェースなどなど、世界中の超・優良企業がひしめいています。

インデックス投資の投資対象は、日本株式全体とか、先進国株式全体といった資産クラスで把握することが多いので、つい投資先の企業群を忘れてしまいがちになります。

しかし、**私たちがインデックスを通じて投資しているのは、世界中の超・優良企業の優秀な経営者と社員たちの働きであるという事実が、インデックスの構成銘柄を見ていくと実感できます。**

この優秀な経営者と社員全員が実力もやる気もない世界が来るのであれば、インデックス投資の未来も危ういのですが、彼らは彼らなりに、自分とその家族たちを豊かにしたいと日々奮闘しており、その営みが地球上から消えてしまわない限り、インデックスもまたいつか上がっていくことになると思えます。

下手の考え休むに似たり

ことわざのとおりですが、相場が下落してからあれこれ調べたり考えたりしても、多くの場合は手遅れなのです。

相場がいつ下落するのかを事前に把握する有効な手立てはないというのが、大半の投資家の現状なのですから、わからないものをわかろうともがくことよりも、わかることに注力していくことの方がより有効かつ実践的です。

投資に限らず、仕事上の大きな失敗や、スポーツで大きなミスをしてしまったときも同様だと思いますが、不幸にも暴落にあってしまったときのように、脳内の興奮を司るドーパミンが噴出した状態のまま判断をしない。一晩寝て冷静な頭で対処を考える。

こういった行動による意思決定タイミングのコントロールが、結果としてよい結果を生むケースは多いのではないでしょうか。

売らずに我慢するテクニック④ フレーミング（思考の枠組み）を変える

Ⓐ逆に考えてみる
Ⓑ資産の増減額（＝部分）ではなく、総資産額（＝全体）で把握する

Ⓐは資産が「もう何割、減少した」ではなく、「まだ何割、残っている」と考える思考の枠組みの変更です。
Ⓑは減少金額で見ると大きく感じる金額（たとえば▲50万円）が、資産全体でみるとそれほどでもないように感じる（１０００万円→９５０万円）という錯覚を利用した技です。

いかがでしょうか。投資において、目的と方法がしっかりと決まっていれば、あとはそれを継続するために、どんなことでもやるべきだと思っています。些細《ささい》なこと、屁理屈《へりくつ》みたいなこと、おまじないみたいなこと、支えとなる言葉……なんだっていいのです。

ベテランのインデックス投資家たちは、自分に合った、売らずに我慢するテクニックを人それぞれ持っています。まさに「秘伝のタレ」です。機会があったらぜひ聞いてみるとよいでしょう。

新しいインデックスファンドが登場したら乗り換えるべき？

インデックスファンドの世界では、激しいコスト競争が繰り広げられています。たくさんの運用会社が、より運用管理費用（信託報酬）が低廉なインデックスファンドをつくったり、既存のインデックスファンドの運用管理費用（信託報酬）を引き下げたりして、しのぎを削っています。

コストはインデックスファンドのリターンを直接削る要因なので、投資家からすれば、コストは低ければ低いほどありがたいものです。健全な競争は大歓迎です。

より低コストなインデックスファンドが新登場したときには、「今後」積み立てる分からは、新しいインデックスファンドに投資したい。その方がリターンがより高くなる可能性が高まります。

しかし、悩ましいのは、すでに積み立ててきた分です。

この旧インデックスファンドを、すべて売却して新インデックスファンドに丸ごと乗り換えた方がよいのか、それともそのまま置いておいた方がよいのか。その状況になったら、誰もが悩むと思います。

私も以前は、新しいインデックスファンドが登場する度に、「乗り換えようか？どうしようか？」といつも悩んでいました。

結論から言います。

現在（2024年1月）のコスト水準であれば、すでに投資した分はそのまま置いておいて、今後積み立てる分から新インデックスファンドに乗り換えるだけでよいです。

もちろん、ランニングコストである運用管理費用（信託報酬）が低いファンドの方が、今後のリターンが高くなる可能性が高いのですが、乗り換えには、それにともなう一時的コストがかかってしまうのです。

具体的には、旧インデックスファンドを売却する際にかかる「信託財産留保額」(ファンドごとに異なりますが資産額の0・1〜0・3%程度)と「税金」(利益の20・315%)です。売却時の信託財産留保額と税金によって、資産が一時的に減ってしまうのです。そのマイナス分を、今後の運用管理費用(信託報酬)が安くなる差分のプラス分で何年かかけて取り返していくという形になります。

何年か先のある時点でマイナス分を上回れば、その後は運用管理費用(信託報酬)が安くなる分だけ、ずっと有利になるというのが理想的です。

20年前はインデックスファンドの運用管理費用(信託報酬)の水準が現在と比べてとても高く、新たに登場するインデックスファンドとの運用管理費用(信託報酬)の差分が大きかったので、乗り換え(リレー投資)が有効でした。

私が昔、実際に投資していた「ステート・ストリート外国株式インデックス・オープン」【運用管理費用(信託報酬)年0・95%・信託財産留保額 0・3%】を例に試算してみます。これに100万円投資して、現在30万円含み益が出ている状態とします。ここで、「eMAXIS Slim先進国株式インデックス」【運用管理費用(信託報酬)年率0・0899%・信託財産留保額なし】が新たに登場したとします。

今後積み立てる分は、文句なく、「eMAXIS Slim先進国株式インデックス」で決まりです。すでに投資した130万円の「ステート・ストリート外国株式インデックス・オープン」をどうするか。売却時点で利益に対する税金6万945円と、信託財産留保額3900円を持っていかれてしまいます。

一方、新たに購入した「eMAXIS Slim先進国株式インデックス」との運用管理費用（信託報酬）の差分は、毎年資産額の0・75%もあります。まあまあのリターン（年5%）を前提に試算すると、評価額が逆転するのが7年後、税金を支払ったあとの手取り金額が逆転するのが1年後となり、これはすぐに丸ごと乗り換えた方が有利だったといえます。

今度は別の試算です。

現在、投資しているのが「eMAXIS Slim先進国株式インデックス」だったとします。そこに、新たに運用管理費用（信託報酬）が年0・01%だけ安い新ファンドが登場したとします。同様にまあまあのリターン（年5%）を前提に試算するとどうでしょう。50年経っても逆転できません。

運用管理費用（信託報酬）が安くなる差分がごく小さいと、売却時の一時的な資産減少のマイナス分を埋め合わせることができないのです。

つまり、**20年前からコスト水準が低廉化した現在は、もう乗り換えは不要な場合が**

多いということです。新たなインデックスファンド情報に惑わされず、すでに投資した分はじっと保有していることです。

運用期間が長くなるにつれて、インデックスファンドの銘柄数が増えてくるのは自然なことです。気にしない、気にしない。

実際に、私も昔はコストが高いインデックスファンドから低いインデックスファンドやＥＴＦに、頻繁に乗り換えを行っていましたが、現在は、ほとんど行っていません。**保有ファンドは基本的に寝かせておくだけで、いじらなくていいのです。**

試算は、相互リンクブログ「バリュートラスト」（アウターガイ氏）のアセットツール「乗り換えコストチェッカー」（https://www.valuetrust.net/tool.htm）を使用して試算しました。皆さまも無料で利用できます。

もちろん、ご利用は自己責任で。

第3話
100年に一度のリーマン・ショックの危機到来！

2007年
米国の住宅バブル崩壊!?
雇用直撃
米実体経済へ波及懸念
サブプライムショック到来
先輩先輩ッ！これ、ちょっとヤバくないですか？？
クスクス
ぐすん…
…まぁ、アメリカが発端だから日本にはあまり影響は無いんじゃないかな
私たちの資産大丈夫ですかね？
平気だよ！ここはグッとこらえて寝かし続けるの子育てと同じ！投資の神様も…
あっ
…神様本当に大丈夫だよね
先輩もしかして神様頼りだったんですかー!?
違う！安心して萌美！大丈夫!!
しかしこの自信は跡形も無く崩れ去ることになる

2008年
大丈夫じゃなかった・・・!!
リーマン破たん
世界の株価急落
平均580円超安
経済新
リーマンショック到来
・・・なんで
世界の株価暴落
これまで、何とか順調に来てたのになんでこんなことに
!!
ギャーッ!!
おはよー!
・・未来先輩

リーマンショックは多くのサラリーマンをやけ酒に陥れた
どよ〜〜〜ん
燃え尽きた・・・。
アタシ投資したお金の3分の1が消えました・・
私半分ごっそり消えた・・
あの時の勝山さんの気持ち今なら痛いほど分かります
ひっく・・・
・・やっぱりアタシには荷が重すぎたんです
萌美・・ゴメンね
店長ー!日本酒熱燗で!!
こっちもー!

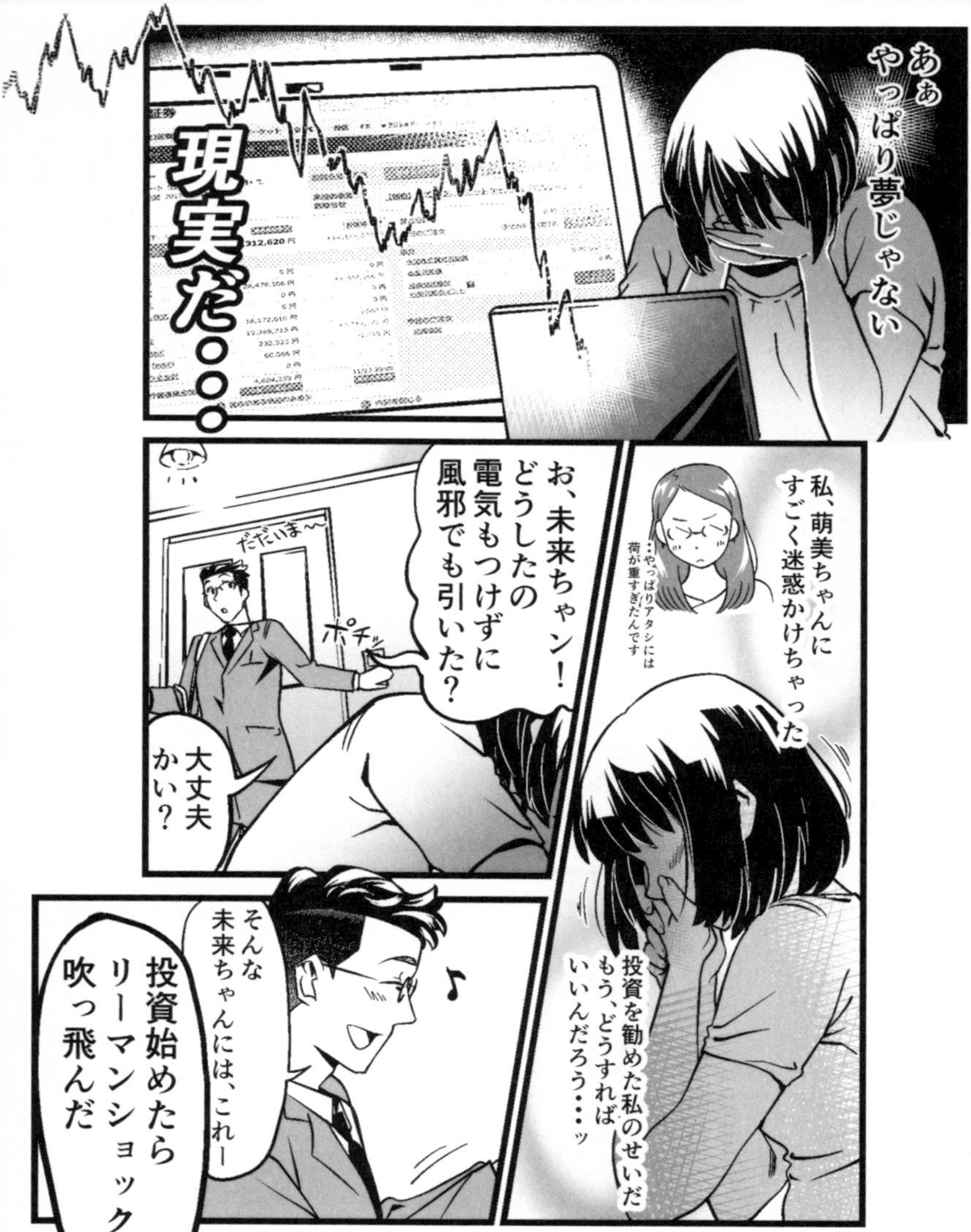
あぁ
やっぱり夢じゃない
現実だ。。。
私、萌美ちゃんに
すごく迷惑かけちゃった
…やっぱりアタシには荷が重すぎたんです
投資を勧めた私のせいだ
もう、どうすれば
いいんだろう・・・ッ
ただいま～
お、未来ちゃン！
どうしたの
電気もつけずに
風邪でも引いた？
ポチッ
大丈夫かい？
そんな
未来ちゃんには、これー
投資始めたら
リーマンショックで
吹っ飛んだ

リーマンショック・・？
あ〜あれかぁ
未来ちゃん
投資やってんだ〜
でもさ、過ぎたコトは
仕方ないよ
それよりもさ
そろそろ
不妊治療やってみようよ
ほら、子供欲しいって
もう3年目じゃー
何が不妊治療よ！
そんな余裕あるわけ
ないじゃない!!
養育費に
家のローンだって
いくらかかると思ってるの！
もっと将来のこと
考えてよ！
アンタの
尻ぬぐいしてるの
私なんだからッ！
豪介さんの
嘘つき・・・ッ！
未来・・・

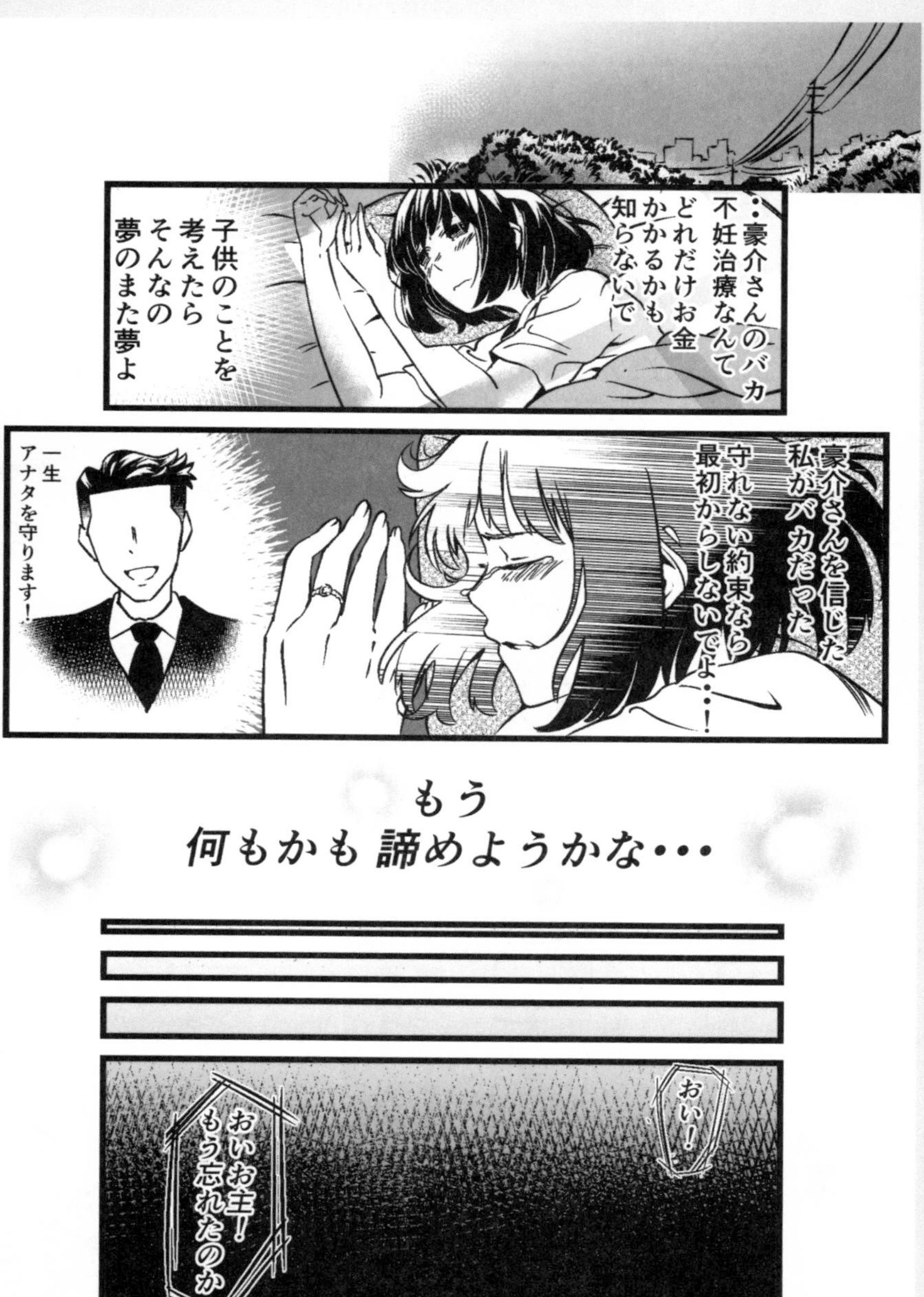
…豪介さんのバカ 不妊治療なんて どれだけお金 かかるかも 知らないで
子供のことを 考えたら そんなの 夢のまた夢よ
豪介さんを信じた 私がバカだった 守れない約束なら 最初からしないでよ…!
一生 アナタを守ります!
もう
何もかも 諦めようかな…
おい!
おいお主! もう忘れたのか

あの時言ったコトを思い出せ！今諦めたらそれこそ全て水の泡じゃ
自分が今、何のために何に投資しているのか考えなさい！
お主が今信じているモノは何か思い出すんじゃ！それを守ってやれるのは、未来お前らだけじゃぞ!!
ハッ・・・
神様・・？
そうだ
そうだった。

過去には世界大戦が2回
世界恐慌の
ブラックマンデーなど
大暴落が起こっている
じゃが、長いスパンで見れば
ずっと右肩上がりなんじゃ
それが資本主義経済で
世の中の理
というモノなのじゃ
人が幸せを願う限り
どんな壁があっても
成長は続いていく
いいか、投資で
成功するにはな・・・

思い出した・・・！

未来、ごめん!
えっ・・
昨日の夜 頭冷やして考えたんだ
俺は今まで 未来のことも、将来のことも 何も考えずに 自分勝手な行動ばっかで 迷惑ばっかりで
・・あの時 約束したのにさ
そりゃ、妻に 怒られて当然さ
豪介さん・・
あとコレ 昨日渡しそびれちまった
何これ?

プレゼントだよ
今日、結婚記念日だろ
もうずっと
祝ってなくて
ゴメンな
そうだ
今日は、特別な日
だったんだ
!
・・・豪介さん
本当に、ありがとう
私もごめんなさい
えぇっ？
私も子供のためと言ってさ
自分のことしか
見えてなかった
一番余裕が無いのは
私だったかも
記念日だって
ずっと
忘れてたし・・・ッ
もういいよ
大丈夫
これからは、寄り添って
一緒に未来を
考えていこう！
ええ！

嵐のような大暴落のなか、なんとか
乗り越えられそうなふたりだったが……！

第5章

涙と苦労のインデックス投資家20年実践記

2004年
ロクなインデックスファンドがなかった時代

日本、3%成長持続
2005年まで OECD予測 デフレ終息視野に

【パリ=奥村茂三郎】経済協力開発機構（OECD）は十一日、主要国の経済見通しを示す「エコノミック・アウトルック」を公表した。二〇〇五年までの世界経済は「米国がけん引して回復の動きが拡大する」と予測。日本も同年まで三%程度の実質経済成長が続き「一九八〇年代以来初めての持続的な回復を遂げる」と指摘し、「デフレ終息にもつながっていく」との見通しを示した。（関連記事5面に）

今回のアウトルックは日本経済がバブル後の低迷からようやく抜け出しつつあるとの見方を示したものだ。日本の実質成長率予測は今年が三%、来年も二・八%で、ともに一・八%だった昨秋の見通しを上方修正した。輸出と設備投資に支えられ、二〇〇五年までは日本経済拡大が続くと分析。需給ギャップ解消の可能性も指摘している。

消費者物価も来年は平均で前年比〇・一%上昇、同年末には〇・二%上昇と水面上に浮かぶ。ただ日銀が「デフレ脱却」とする「少なくとも一%以上で安定」は当分実現せず、金融の量的緩和政策は続けるべきだと指摘。政府

日本経済新聞 2004 年 5 月 12 日朝刊

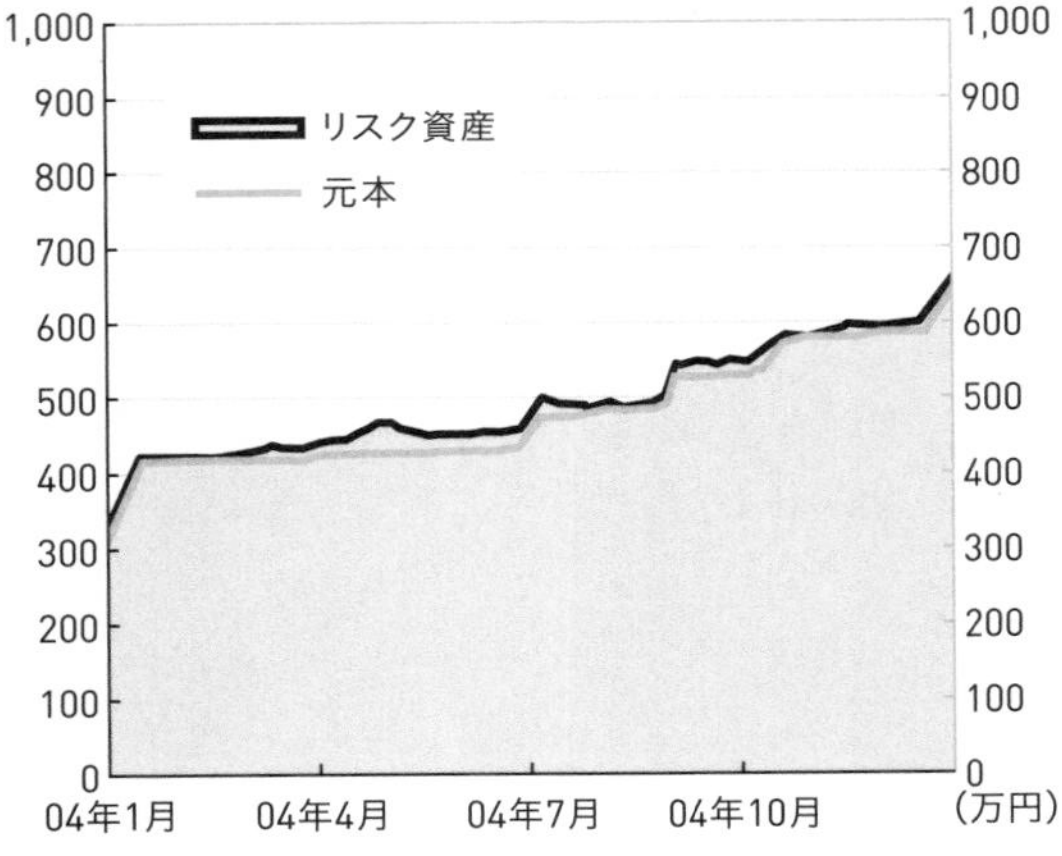

日本株式	+11.3%
先進国株式	+12.1%
新興国株式	+22.5%
日本債券	+1.5%
水瀬ポートフォリオ	+3.0%

ここで、読者の皆さまには、私がインデックス投資の記録を取り始めてからの20年にわたるインデックス投資家としての経験を、10分で体験していただきます。題して、「涙と苦労のインデックス投資家20年実践記」です。

2002年頃、まだ私は日本株の個別株投資をしていました。並行して「インデックスファンド」なるものにも少しずつ投資し始めていましたが、当時は残念ながら投資実績は記録していませんでした。記録があるのは2004年以降です。

2004年、当時の日本経済は3％成長を持続して順風満帆で、経済協力開発機構（OECD）からは「2005年にもデフレ脱却か」と言われていました。

しかし、日本のインデックス投資環境としては、野村ファンドネット証券が突然の事業廃止をしたり、ソニー銀行のインデックスファンド「MONEYKitスタンダード」シリーズが繰上償還となり、私のポートフォリオはガタガタで、市場の上昇をうまく捉えることができないでいました。

インデックスファンドにしっかり乗っかってさえいれば、年10％以上のリターンを得ることができたのに、インデックスファンドを乗り降りしている間に相場は上昇してしまい、実際に得られたリターンは3％程度。

本当に腹立たしい1年でした。

2005年
小泉郵政相場で絶好調！

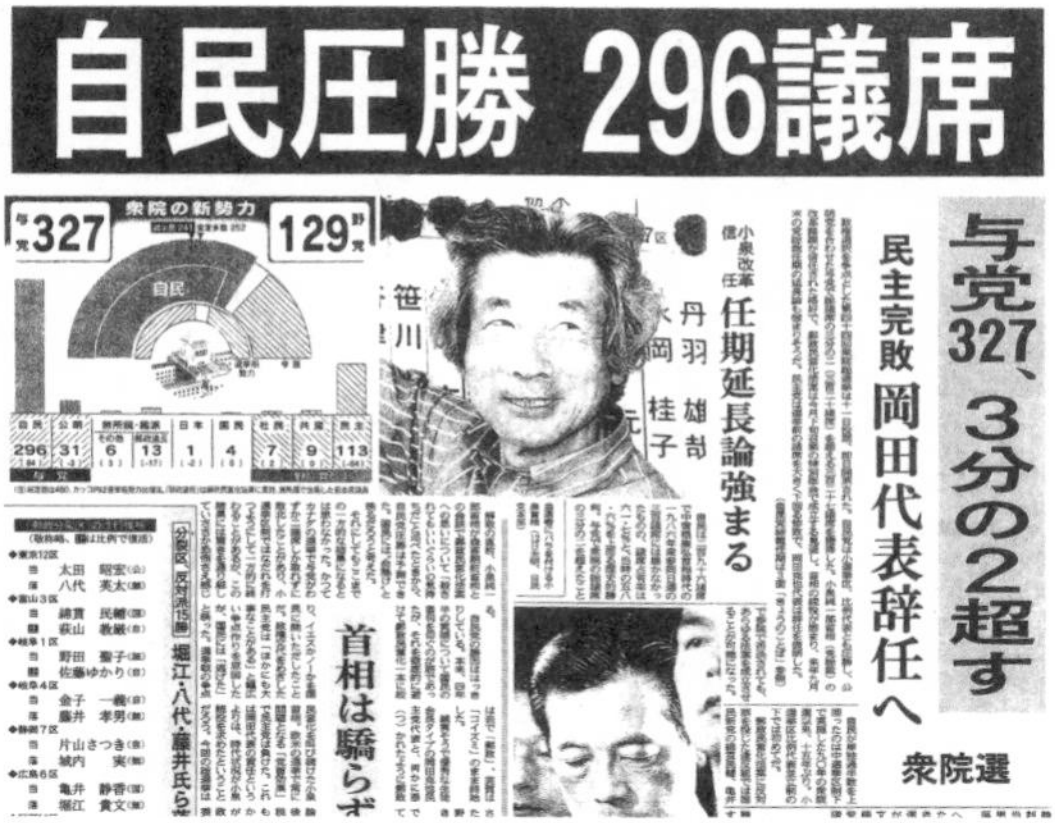
自民圧勝 296議席

与党327、3分の2超す

民主完敗 岡田代表辞任へ

衆院選

小泉改革 信任 任期延長論強まる

首相は驕らず

衆院の新勢力

与党327 野党129

日本経済新聞 2005 年 9 月 12 日朝刊

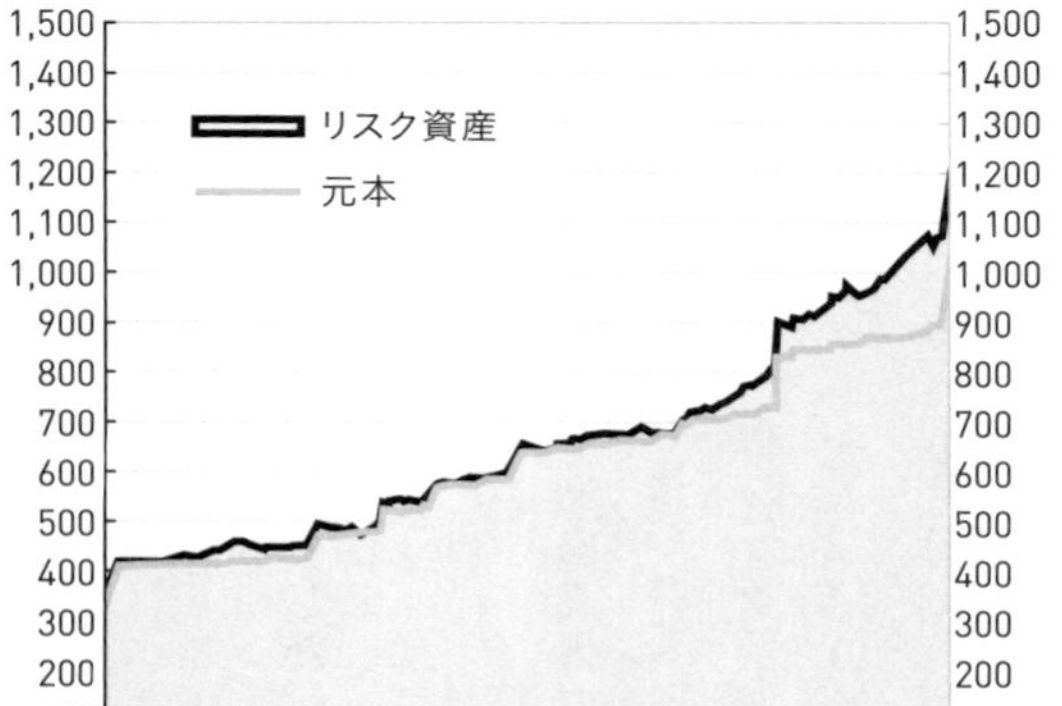

日本株式	+45.2%
先進国株式	+22.6%
新興国株式	+52.4%
日本債券	+0.8%
水瀬ポートフォリオ	+26.4%

2005年、小泉純一郎率いる自民党が衆議院議員選挙に圧勝。日本の規制緩和が進むのではないかという外国人投資家の思惑もあり、株価は上昇しました。

いわゆる「**小泉郵政相場**」で相場は絶好調でした。日本の証券アナリストのところには、海外のアナリストから「congratulations!!」というメールが届いたという話を聞いたことを覚えています。

日本株式は1年で45%上昇、先進国株式も22%上昇、新興国株式にいたっては52%上昇しました。

私のポートフォリオも26%上昇しました。喜びに包まれるとともに、ポートフォリオの期待リターンはせいぜい年4〜5%にもかかわらず、「こんなに上昇して大丈夫なのか⁉」という驚きを感じた1年でした。

この頃は、私のなかで、インデックス投資は期待リターン近辺のパフォーマンス（たとえば、4〜5%くらい）が毎年得られるものだという思い込みがまだあったように思います（完全に誤解なわけですが）。

そして、この頃はまだ、新興国株式に投資するインデックスファンドは、個人に一般開放されていませんでした。

2006年
ライブドア・ショックもなんのその

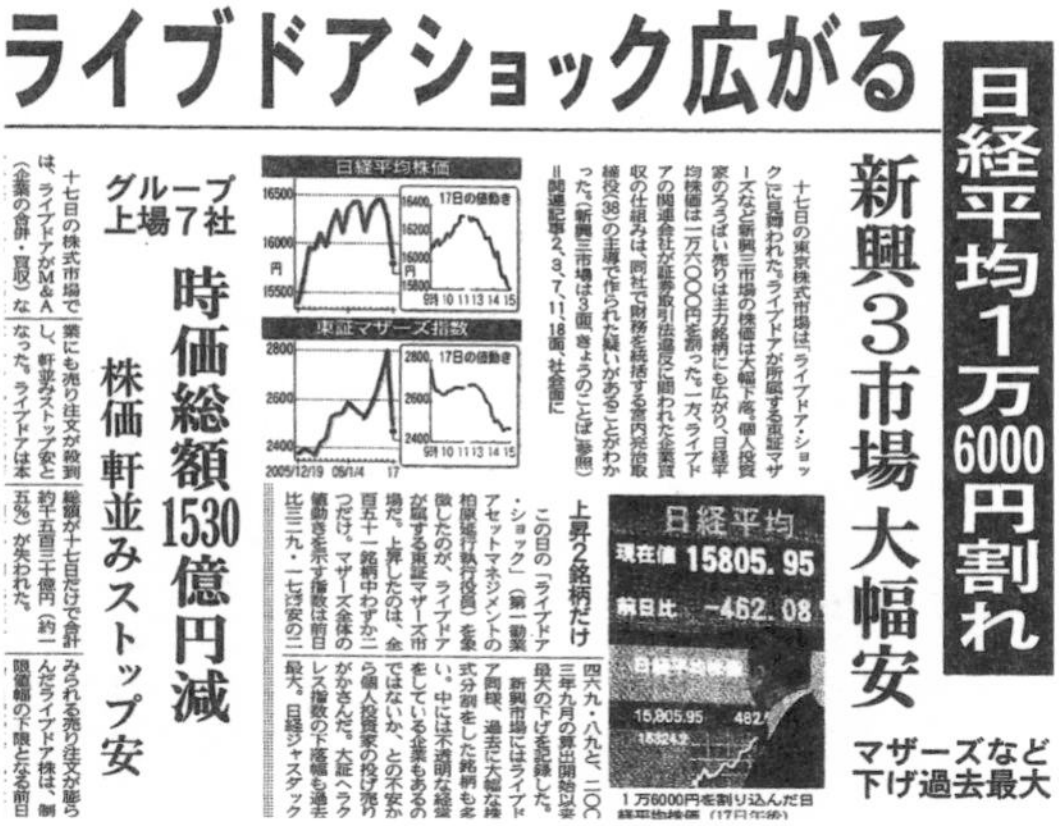

ライブドアショック広がる

日経平均1万6000円割れ

新興3市場 大幅安

マザーズなど下げ過去最大

十七日の東京株式市場は「ライブドア・ショック」に見舞われた。ライブドアが所属する東証マザーズなど新興三市場の株価は大幅下落。個人投資家のろうばい売りは主力銘柄にも広がり、日経平均株価は一万六〇〇〇円を割った。一方、ライブドアの関連会社が証券取引法違反に問われた企業買収の仕組みは、同社で財務を統括する宮内亮治取締役(38)の主導で作られた疑いがあることがわかった。(新興三市場は3面、きょうのことば「参照」)

＝関連記事2、3、7、11、18面、社会面に

上昇2銘柄だけ

この日の「ライブドア・ショック」（第一勧業アセットマネジメントの柏原延行執行役員）を象徴したのが、ライブドアが属する東証マザーズ市場だ。上昇したのは、全百五十一銘柄中わずか二つだけ。マザーズ全体の値動きを示す指数は前日比三二九・一七ポ安の二四六九・八九と、二〇〇三年九月の算出開始以来最大の下げを記録した。

新興市場にはライブドア同様、過去に大幅な株式分割をした銘柄も多い。中には不透明な経営をしている企業もあるのではないか、との不安から個人投資家の投げ売りがかさんだ。大証ヘラクレス指数の下落幅も過去最大。日経ジャスダック

日経平均株価

東証マザーズ指数

1万6000円を割り込んだ日

グループ上場7社

時価総額1530億円減

株価軒並みストップ安

十七日の株式市場では、ライブドアがM&A（企業の合併・買収）な

業にも売り注文が殺到し、軒並みストップ安となった。ライブドアは本

総額が十七日だけで合計約千五百三十億円（約一五%）が失われた。

みられる売り注文が膨らんだライブドア株は、制限値幅の下限となる前日

日本経済新聞 2006 年 1 月 18 日朝刊

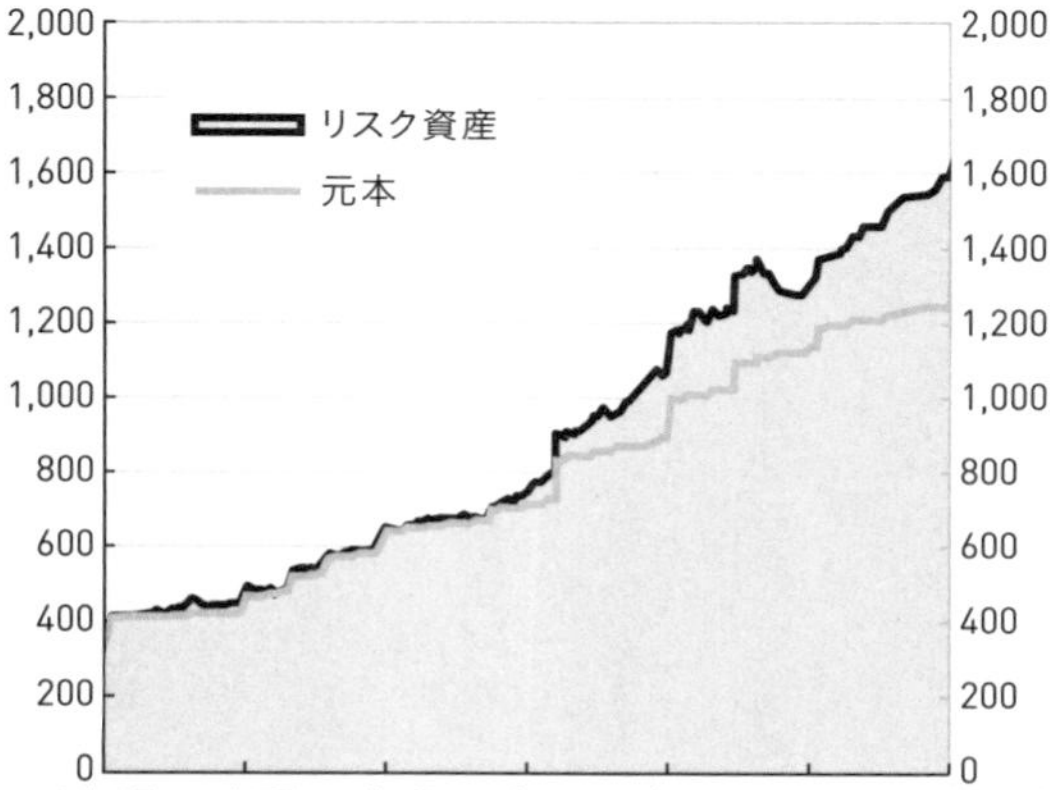

日本株式	+3.0%
先進国株式	+23.7%
新興国株式	+33.7%
日本債券	+0.2%
水瀬ポートフォリオ	+14.6%

2006年は、いわゆる**「ライブドア・ショック」**が起こった年でした。ライブドア・ショックは、ライブドアおよびライブドアマーケティングなどに対する証券取引法違反事件（風説の流布・偽計取引）のこと。2006年1月16日夕刻に突如行われた強制捜査を発端とし、東京証券取引所の全銘柄取引停止など、内外の証券市場に大きな影響を与えました。

日本では大騒ぎで、株式市場、特に東証マザーズなど新興市場に大きなダメージを与えたライブドア・ショックでしたが、グラフからはどこがライブドア・ショックか見て取れない程度のくぼみでしかありません。日本株が＋3％とふるわなくても、先進国株＋23％、新興国株＋33％と絶好調であり、私のポートフォリオも＋14％と好調でした。

まさに国際分散投資の力を思い知った1年でした。

インデックス投資環境としては、ネット証券で初めて楽天証券が海外ETF（海外の市場に上場したETF）の取り扱いを開始しました。主要な海外ETFの純資産額は日本の運用会社が運用するインデックスファンドやETFの100倍以上あり、「ようやく世界基準のインデックスファンド・ETFに、日本の個人投資家も投資できるようになったか！」と思いました。

2007年 サブプライム・ショック？ 平気平気……

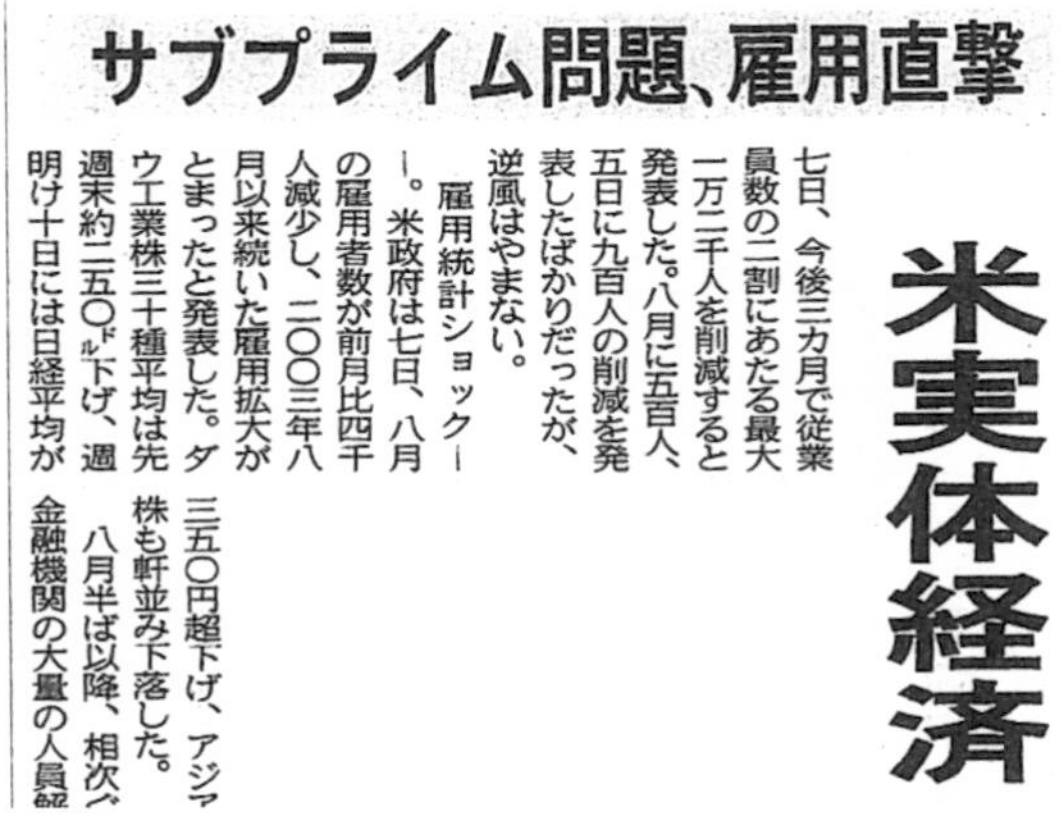

サブプライム問題、雇用直撃

米実体経済

七日、今後三カ月で従業員数の二割にあたる最大一万二千人を削減すると発表した。八月に五百人、五日に九百人の削減を発表したばかりだったが、逆風はやまない。

雇用統計ショック――。米政府は七日、八月の雇用者数が前月比四千人減少し、二〇〇三年八月以来続いた雇用拡大がとまったと発表した。ダウ工業株三十種平均は先週末約二五〇ドル下げ、週明け十日には日経平均が三五〇円超下げ、アジア株も軒並み下落した。

八月半ば以降、相次ぐ金融機関の大量の人員解

日本経済新聞 2007 年 9 月 11 日朝刊

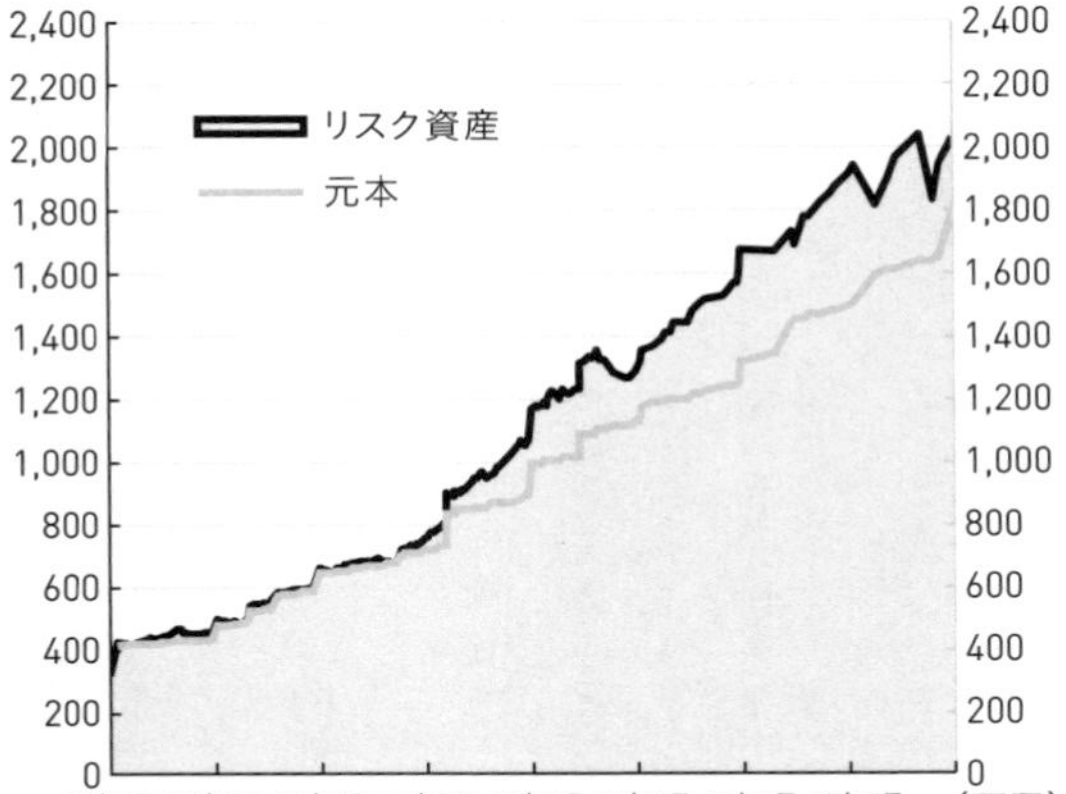

日本株式	▲11.1%
先進国株式	+6.6%
新興国株式	+34.0%
日本債券	+2.7%
水瀬ポートフォリオ	▲2.4%

2007年、いわゆる「**サブプライム・ショック**」で暗雲たちこめた1年でした。サブプライム・ショックとは、米国における住宅バブルとそれに便乗した手法であるサブプライムローン（信用力の低い個人向け住宅ローン）、およびその証券化が起こした不動産バブルの崩壊のことです。

世界的に株式市場が下落しましたが、この新聞を見たときには扱いは小さかったように思います。このとき私たちは、このサブプライム問題が、あのような恐ろしい出来事につながっていくとは知らなかったのです……。

米国が震源地のはずのサブプライム・ショックで、なぜか日本株式が最も反応して、▲11％になりました。日本株は「世界の景気敏感株」と言われることがありますが、まさにそれを体感した年でした。

ただし、国際分散投資によって、前年のライブドア・ショックのときと同様に、私のポートフォリオの損失は軽減されていました。「サブプライム・ショック？　意外とたいしたことないな」とそのときの私は思っていました。

今にして思えば、この下落は翌年の大暴落の序章に過ぎなかったのですが……。

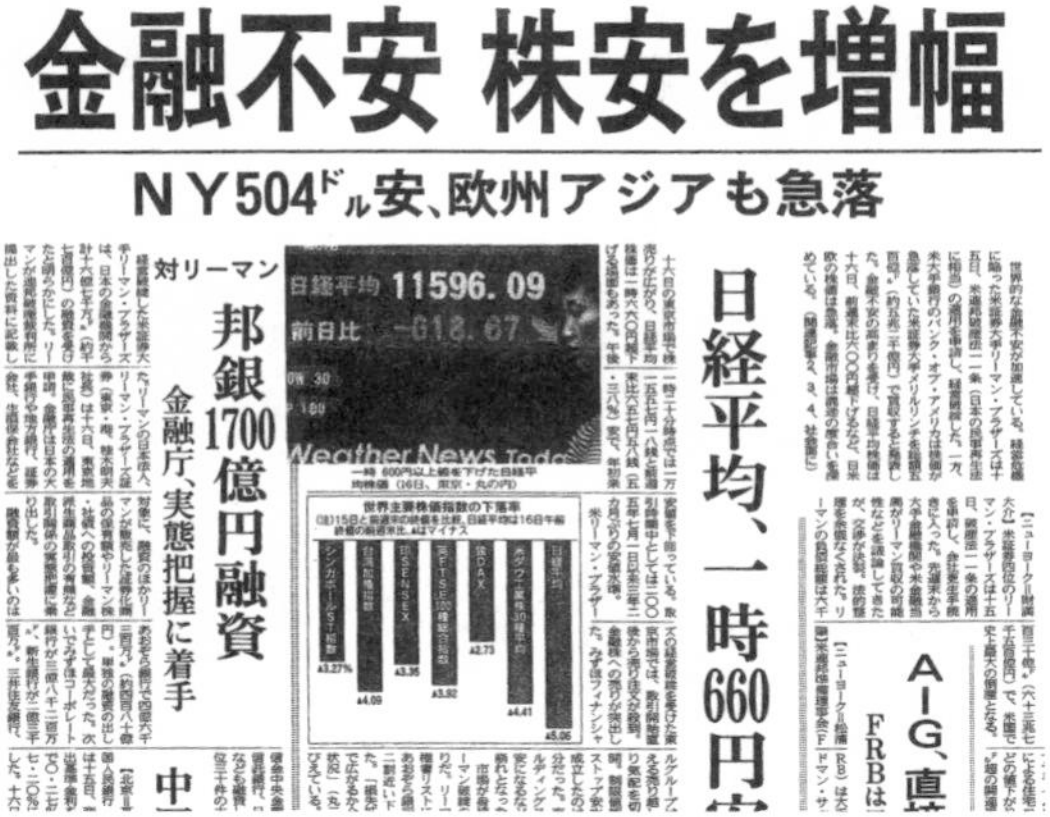

金融不安 株安を増幅

NY504ドル安、欧州アジアも急落

対リーマン

邦銀1700億円融資

金融庁、実態把握に着手

日経平均 11596.09

前日比 −618.67

日経平均、一時660円

AIG、直

FRBは

日本経済新聞 2008 年 9 月 16 日夕刊

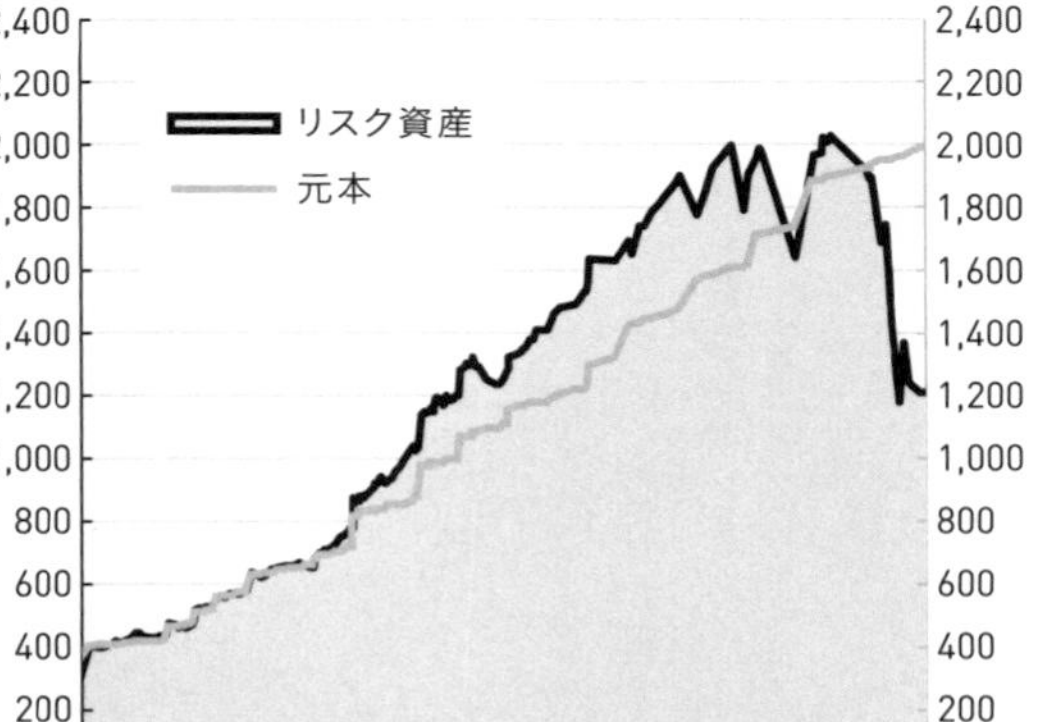

日本株式	▲40.6%
先進国株式	▲53.4%
新興国株式	▲62.7%
日本債券	+3.4%
水瀬ポートフォリオ	▲53.6%

2008年 ガーーーン!! (;ﾟДﾟ) まさかの大暴落！

2008年、「100年に一度」と言われた世界金融危機**「リーマン・ショック」**が世界中を襲います。

アメリカ第4位の投資銀行だったリーマン・ブラザーズが、サブプライムローンで大規模な損失を計上。その処理に失敗し、2008年9月15日、連邦裁判所に連邦倒産法第11条を申請、事実上の破産となりました。

当初、リーマン・ブラザーズは「Too big to fail（大きすぎて潰《つぶ》せない）」と言われており、誰もが米国政府が救済すると思っていました。そのため、世界中が「まさか」と大パニックになり、世界中の株式・債券が同時に大暴落した悪夢のような出来事となりました。

今でも、思い起こすと吐き気をもよおすほどの大暴落でした。

これは悪夢でしょうか。**すべてのアセットクラスで大暴落（プラスだったのは日本債券のみ）が起こりました。株価暴落と同時に「円高」が急激に進み、先進国株式、新興国株式クラスなど外国資産は下落に拍車がかかりました。**

しかも、この下落率は、多くの資産運用者が想定する最大損失水準（2標準偏差）をはるかに超えていました。相場環境にかかわらず常にプラスのリターンを上げることをめざすヘッジファンドも例外ではなく、ロング・ショート、アービトラージ、イベント・ドリブンなど、ヘッジファンドの主要7戦略すべてでマイナスを記録しました。大半の投資家はもうなにをやっても逃れられなかったのです。

テレビや新聞では、「100年に一度クラスの大暴落」「資本主義経済の崩壊」「アイスランドのすべての銀行が国有化」「△△が過去最大規模のリストラ」「□□グループが××工場を閉鎖」とおどろおどろしいニュースを連日流していました。

私のポートフォリオも1年で▲53%。ざっくり言って1年で資産が半分になるという大暴落を体験しました。インデックス運用、アクティブ運用関係なく、世の中の投資家たちも同様にやられたはずです。ヘッジファンドですら回避できなかったのですから。

私のブログにも、インデックス投資を紹介してきたことに対する誹謗中傷《ひぼうちゅうしょう》の嵐が吹き荒れました。

「梅屋敷は死ね！」
「今後10年間はマイナスだろうね」
「ぶっ殺すぞ」
「退職金全部パーじゃねえか、どうしてくれるんだ」

インターネットの掲示板2ちゃんねるに私を罵倒《ばとう》する投稿が連投されていると、読者さんが教えてくれました（聞くところによると、この状態が約1年半にわたり続いていたそうです）。

特に悲しかったのは、それまでブログのコメント欄の常連さんで、「インデックス投資万歳！」と言っていた方が豹変《ひょうへん》し、「水瀬は死ね！」などと中傷コメントを書いてきたことです。

ハンドルネームを変えていたので本人は気づかれていないつもりなのでしょうが、ブログ運営者にはＩＰアドレスが見える仕様になっていたのでわかってしまったのです。人はお金が絡むと豹変する。よく言われることですが、それをまざまざと思い知らされました。

「自分のリスク許容度の範囲内で投資していたのではないのか？」
「投資は自己責任ではないのか？」

言いたいことは山ほどありましたが、しばらくの間、誹謗中傷コメントの通知メールが途切れることはありませんでした。

そのような「100年に一度クラス」の世界的な大暴落のなか、私はどうしたか。

南の島マレーシアのランカウイ島へ飛び、年末にはオーロラを見に極寒のアラスカへ行きました。

世界的な暴落で自暴自棄になって？　いいえ、違います。

なにせ、**急激な円高によって、円の価値が急上昇して海外の通貨の価値が暴落したものですから、円を使っていつも以上に豪遊できるまたとないチャンスだったからです。私の資産運用では円高はデメリットですが、一方、海外旅行ではメリットです。**

日本に帰国すると、書店に「大暴落」「資本主義はなぜ自壊したのか」「大恐慌失われる10年」「金融資産崩壊」「ザ・パニック」というような悲観的なタイトルの分厚い本がたくさん並んで山積みになっていました。そこには、「資本主義崩壊？　混迷の時代に必携の書」というような書店の手書きポップが添えられていました。

それを見た私は、奇妙な安心感を抱きました。

株価は依然下落しており、たしかに悲観的な相場状況ではあります。

しかし、この本の著者たちが、必死になって「暴落」「崩壊」と何百ページも書くのはなぜか。多くの出版社が、競うように悲観本を出版するのはなぜか。書店がそれをあおって大量に売ろうとするのはなぜか。伝えたいから。たしかにそうでしょう。しかし、それだけではないはずです。そこには、**「ひと儲《もう》けしたいから」という欲望がみなぎっているように私には見えたのです。**

情報を伝えたいだけなら、ブログでもSNSでもウェブサイトでも、無料で世界中に情報発信する手段はいくらでもあります。にもかかわらず、この人たちは、本の出版という商業ラインに乗せて売りまくろうとしている。うまく時流に乗って、話題になればたくさん売れる。あわよくばベストセラーを狙えるかもしれない！

そのような剥《む》き出しの欲望を、書店の山積みの本から感じました。

それは、資本主義経済の拡大再生産のエンジンたる「人の欲望」が尽きていないどころか、むしろ燃えたぎっている証拠でもあると思ったのです。

私は奇妙な安心感とともに、「資本主義経済は死んでなどいない」と確信し、それをリターンの源泉とするインデックスファンドの積み立て投資を、今までどおり継続しようと心に決めたのでした。

「STAMインデックス」シリーズ（運用会社・住信アセットマネジメント）など、当時としてはまともなインデックスファンドのシリーズが出始めたのもこの年でした。

大暴落の陰に隠れて、インデックス投資環境は静かに整いつつありました。

zzZ

2009年 まさかのV字回復！ キター━━(ﾟ∀ﾟ)━━!!

日経平均 バブル後最安値

終値7086円 26年5ヵ月ぶり水準

九日の東京株式市場で日経平均株価が続落した。昨年十月二十七日に付けたバブル後の最安値を下回り、一九八二年十月六日以来、二十六年五カ月ぶりの安値水準に落ち込んだ。世界景気や企業業績に対する警戒感が一段と高まり、投資家が株式の持ち高を減らす動きが広がった。（関連記事3……

日本の株式市場の異常さを示す指標が二つある。

ひとつはPBR（株価純資産倍率）だ。株価が一株当たり純資産の何倍かを示す値で、現在は〇・八倍。一倍を割れば企業の株を全部買い、会社を清算するだけで利益が出る。理屈では考えられないほど割安な株価であることを示している。

……倍の米国よりもはるかに高い。株価は下落したが、収益の見通しはもっと速いペースで落ち込み、割高になったのだ。

二つの株価指標からは、投資家の明確なメッセージが浮き上がる。「見かけはお買い得だが、今後の展望を考えれば怖くて買えない」と。

根強い不信感

それでも買いが入らない理由は、もう一つの指標、予想PER（株価収益率）が教えてくれる。株価が一株当たり予想利益の何倍かを示す値で、現在は約六十九倍。半年前の約十五倍からみても大幅な上昇であり、約十……

二〇〇九年三月期に上場製造業は最終損益が赤字に転落する。足を引っ張るのは自動車や電機などの輸出企業。「世界経済が今年、第二次世界大戦以降はじめてマイナス成長に陥る」（世界銀行）ほどの需要の落ち込みは、輸出に依存する「日本株式会社」を直撃する。

収益の低迷は企業の資金繰りの悪化に飛び火した。手元資金の潤沢さを誇るトヨタ自動車が金融子会社を通じて国際協力銀行に融資を求めた一件は、海外でも話題を呼んだ。信用収縮による貸し渋りや、それに伴う倒産の増加も重なり、外国人は二月末まで七週連続で日本株を売り越した。

環境の激変を受けた日本企業の対応は今のところ素早い。改革を先送りし、株価の長期低迷を招……

企業努力に報いる政……

日本経済の将来

日本経済新聞 2009 年 3 月 10 日朝刊

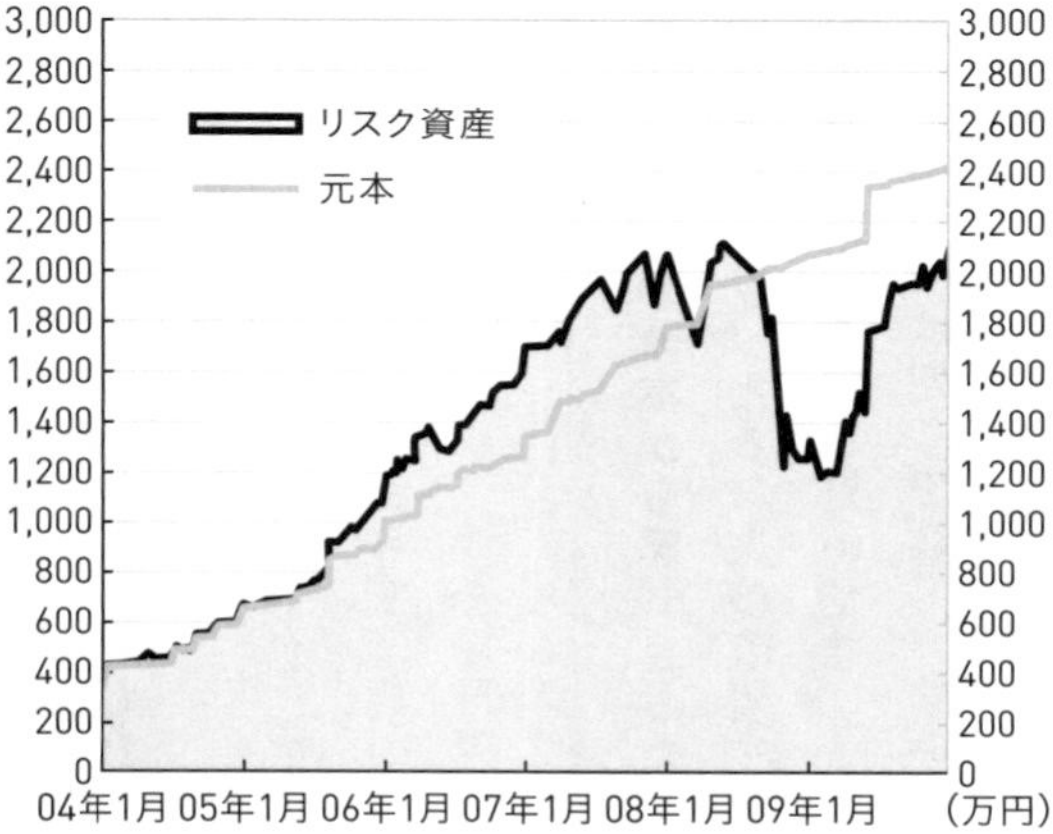

日本株式	+7.6%
先進国株式	+35.6%
新興国株式	+81.1%
日本債券	+1.4%
水瀬ポートフォリオ	+29.5%

年が明けて2009年3月9日、日経平均バブル後最安値の日を迎えます。26年5カ月ぶりの安値水準、日本中が絶望に陥ったような、「お葬式モード」でした。

企業の大規模なリストラが断続的に報道され、実際に私の友人のなかにも、リストラによる転職活動を余儀なくされる人が出てきました。私の運用資産も過去最大の損失に膨れ上がりました。

この頃、私のブログと相互リンクしていた他のインデックス投資ブログが、次々とその更新を停止していきました。損失に耐えられなくなったのか、罵詈雑言《ばりぞうごん》に嫌気が差したのか、理由はわかりません。

ブログは続けていても、「インデックス投資などもうダメだ。これからは○○投資の時代だ」と別のアクティブな投資法に変更するブロガーが続々出てきました。

あれだけ不可能だと自身でも主張していた「相場予測が○○の方法ならできる」とか、「△△を見ていれば少なくとも暴落は避けられる」とか、まさに「宗旨替え」の様相です。なかには、自身が宗旨替えする際に、他の人のブログやSNSで「インデックス投資などダメだ」と吹聴して回り、「道連れ」を募るようなことをする人も出てきました。界隈《かいわい》も混迷を極めていました。

ところが――。

2009年3月9日を底に、相場は脅威のV字回復を始めます！

特に、BRICS（ブラジル・ロシア・インド・中国・南アフリカ）など、新興国が世界経済の成長を牽引、国際社会での評価も高まり、株価も急上昇しました。その結果、新興国株式クラスは、前年の▲60％から、この年は一気に＋80％！

私も色気を出して、毎月の積み立て投資に加えて、臨時スポット投資を行いました。ただし、当時、急いで意思決定して急いで投資したつもりでも、事後的に見れば、V字の底からずいぶん遅れていることが、元本の折れ線グラフからもわかると思います。株価が急上昇するいわゆる「稲妻が輝く瞬間」は本当に一瞬なのだと思い知りました。

水瀬ポートフォリオも＋29・5％です。

これは、資産配分（アセットアロケーション）から計算される2標準偏差のほぼ上限くらいの「幸運」です。

株価大暴落の翌年の急上昇。ここで私は膝を打ってこう思いました。

「なるほど！」「これが平均回帰性か！」

相場が暴落していく過程で怖くなり、損失を限定するために保有資産をすべて売却してしまった人は、2009年3月の相場の底近くで再参入しない限り、いわゆる「稲妻が輝く瞬間」から始まる相場のV字回復の恩恵を受けることができず、確定した損失だけが残る形となってしまいました。

この年はインデックス投資環境にも大きな出来事が起こりました。

低コストなインデックスファンドシリーズ「**eMAXIS**」**シリーズ**（運用会社・三菱UFJ投信）が登場しました。ここからしばらく、「STAMインデックス」シリーズとインデックスファンドの双璧《そうへき》をなします。

一方で、野村グループのジョインベスト証券が事業を廃止します。立ち上げからたった3年程度で事業廃止です。

野村ファンドネット証券の事業廃止とあわせて、野村グループはこれで「前科2犯」となり、インデックス投資家たちから総スカンを食うことになります。

良い商品・サービスができては消えて、できては消えてを繰り返していた時代です。

2010年 そしてまたまたギリシャ・ショック

世界で株安 欧州を懸念

NY株一時 1万ドル割れ　日経平均、300円超下

州の財政不安が再び強まり、リスクマネーが収縮、世界の株式市場が連鎖安の様相となっている。の米国市場ではダウ工業株30種平均が一時、1万ドルの大台を割り込んだ。5日もアジア株が軒並落し、東京株式市場では日経平均株価が一時300円を超える下げ幅となった。円相場は海外市ドル=88円台を付けるなど、対ドル、ユーロともに円高が進んだ。（関連記事3面に）

リシャやルトガル 財政不安再び

の東京株式市場で て円高も嫌気され、東証の米国株安に加え 1部の約9割の銘柄が下落する、ほぼ全面安の展開となった。午後1時10分時点の日経平均は前日比252円22銭（2・44%）安の1万0103円76銭。

朝方からホンダやキャノンなど輸出関連株を中心に売りが先行。売り気配のまましばらく寄りつかなかった主力株も目立った。円相場が対ドルで一時1ドル=88円台と約2カ月ぶりの高値を付けたのに加え、対ユーロでは11カ月ぶりの高値水準となったのが嫌気された。

本格化している決算発表では足元の業績の改善傾向が鮮明だが、円高によって収益の先行きに対する楽観が打ち消される格好になっている。

欧州の財政不安に加え、米国の新金融規制案や中国の金融引き締めの不安材料があるため「マネーが安全資産に逃げ込む構図」（三菱UFJ証券の藤戸則弘投資情報部長）になっている。「外国人投資家は、自国の市場が不安定になれば日本株を買ってこない」（準

日本経済新聞 2010年2月5日夕刊

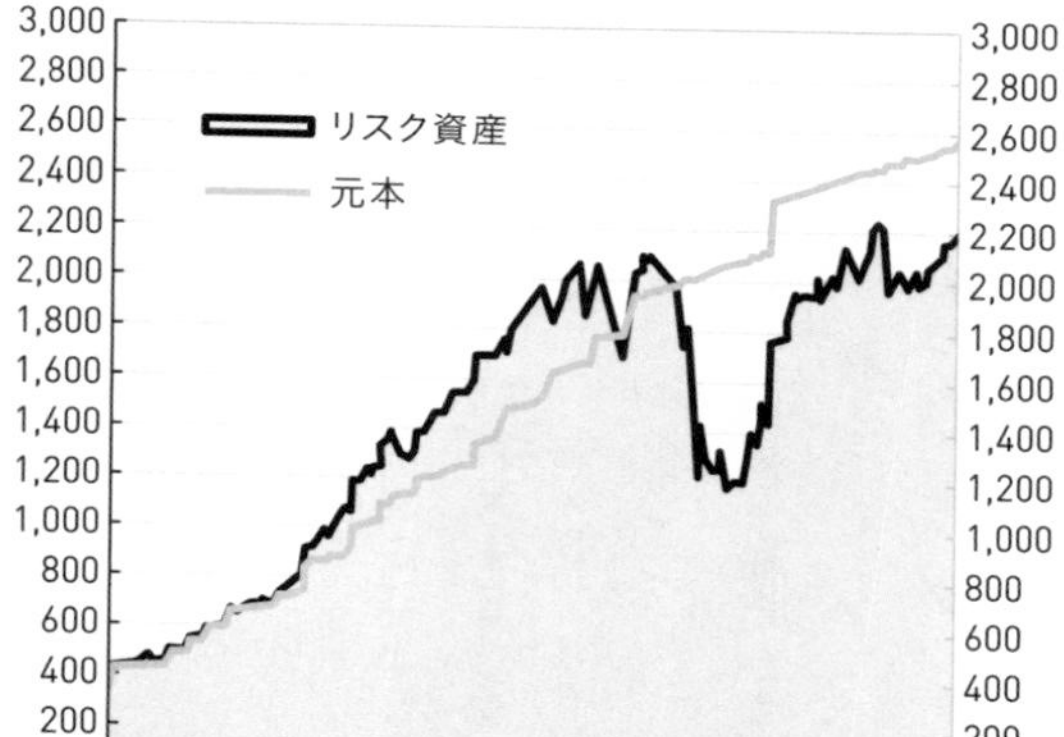

日本株式	+1.0%
先進国株式	▲1.0%
新興国株式	+5.5%
日本債券	+2.4%
水瀬ポートフォリオ	▲3.1%

2011年、「**ギリシャ・ショック**」が投資家を襲います。

ギリシャ・ショックとは、2010年に発覚したギリシャの財政赤字の隠蔽《いんぺい》発覚が発端の経済危機のこと。信用格付け会社によるギリシャ国債の格付け引き下げによりギリシャ国債が暴落し、ユーロ圏だけでなく、世界全体の市場下落へとつながりました。

このギリシャ・ショックのような世界を揺るがすような事件があると、日本の円という通貨は、「安全通貨」として急な円高になることが多いです。これは日本で国際分散投資をする投資家にとっては少々困る展開です。

保有資産のなかで外国株式に多くの比率を投資していると、同時にその分の外貨を保有していることにもなります。したがって、世界の有事で円だけ独歩高になることは、ただでさえ有事で株価が暴落していることに加えて、円高による為替損失まで受けてしまい、まさにダブルパンチになってしまうからです。**外貨を保有することによる為替リスクはできるだけ避けたいけど、外国株式には投資したい。このことが、本書で「外国債券クラスには投資しない」理由のひとつ。株式暴落時のクッションの役割を期待する債券では為替リスクを取らず、国内債券だけにしておくわけです。**

私は為替リスクを極力抑えた国際分散投資をしていたため、年間を通せば影響は軽微で、資産推移はほぼ横ばいです。ギリシャ・ショックもなんのそのです。

2011年
東日本大震災が列島を襲う

東日本で巨大地震

東北M8.8 国内

死者・不明 多数

津波で

日本経済新聞 2011 年 3 月 12 日朝刊

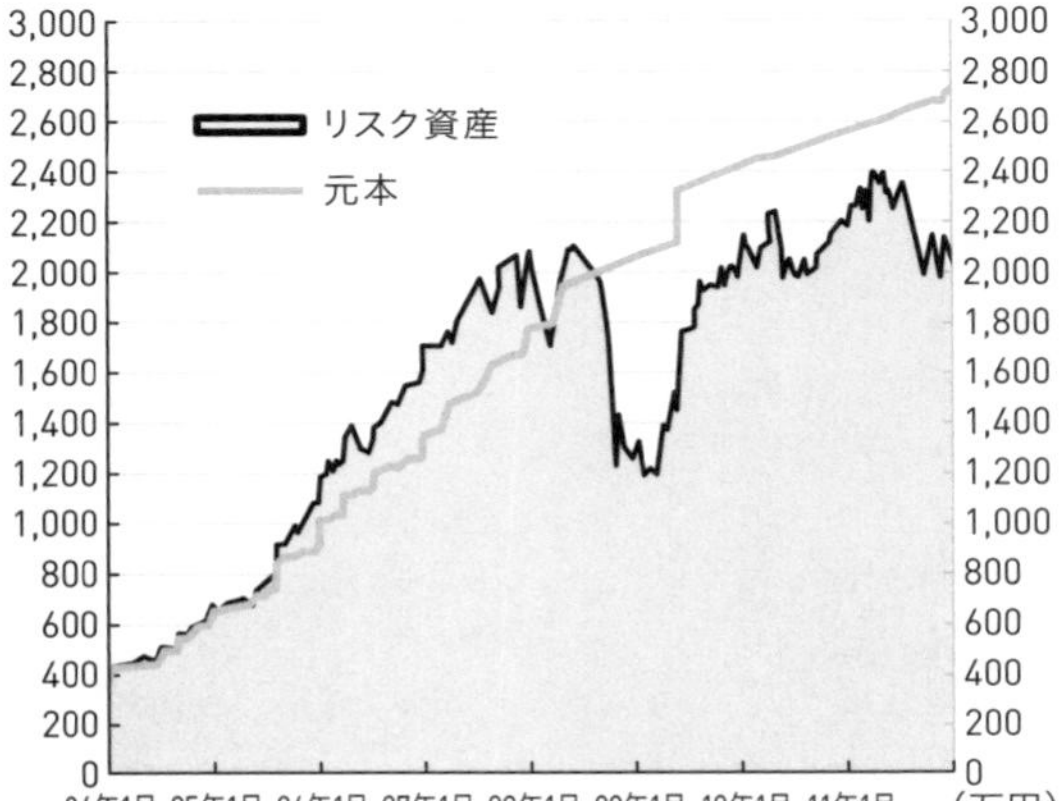

日本株式	▲17.0%
先進国株式	▲8.4%
新興国株式	▲21.9%
日本債券	+1.9%
水瀬ポートフォリオ	▲10.8%

2011年3月11日午後2時46分、**東日本大震災**が日本を襲いました。

東日本大震災は、三陸沖で発生したマグニチュード9・0の東北地方太平洋沖地震により引き起こされた未曾有の大災害です。最大震度7の強い揺れと国内観測史上最大の津波を伴い、東北・関東地方を中心とする広い範囲に甚大な被害をもたらしました。また、東京電力福島第一原子力発電所が被災し、放射性物質が漏れ出す深刻な事態となりました。

被害は広く、遠く東京でも電車が止まりました。私も携帯電話がつながらず、会社で家族と連絡を取ることができませんでした。真夜中に何十キロも離れた自宅に歩いて帰るという同僚もいましたが、私は会社の机の下にダンボールを敷いて一夜を明かしました。

しかしながら、絶望的な状況のなか、統制のとれた行動をする被災者たちに、世界各国から大きな支援の手が差し伸べられました。世界中から多額の義援金や多くの救援隊、物資などが届けられました。

また、日本の各企業も、電力不足による計画停電が行われるなか、事業運営を立て直すべく奮闘しました。私も事態収拾に向けて働きながら、個人投資家の有志たちと、「日本株応援買い」や「寄付」を呼びかけて後方支援をしました。

たしかに、一人ひとりの人間は小さな存在ですが、人類全体として見れば大きな底力を持っています。世界は互いに競い合い、助け合い、時にぶつかり合いながらも、前進し続けようとします。

「1000年に一度」といわれた未曾有の大災害ですら、その歩みを止めることはできない。それを思い知った年でした。

しかし、「1000年に一度」といわれた未曾有の大災害を受けた日本の株式市場は、当然のように大幅に下落すると同時に、円高の急伸により先進国株式、新興国株式も下落しました。

リーマン・ショックの傷がようやく癒《い》えそうになっていた矢先に、またしても保有資産は毀損《きそん》してしまったのです。

一方で、第2章で説明した「生活防衛資金」の重要性と適切な商品が、あらためて認識された年でもありました。

避難所生活からいち早く復帰できたのは、企業で働いていた人と、キャッシュを持っていた人でした。たとえ資産家でも、「明日の100万円より今日の5万円」が必要という状況のなかで、資産が山や土地など流動性の低い（すぐに換金できない）ものばかりだと、生活の立て直しに時間がかかってしまいます。

そのキャッシュもある程度の金額は、生活圏に店舗があるメガバンクや地銀、ゆうちょ銀行などに入れておく必要があるとわかりました。

震災のときは、被災地域のコンビニでは停電でＡＴＭが使えませんでした。いくらネット銀行の口座にお金があっても引き出せない状況が実際にありました。

東日本大震災の被災地では、対面の窓口がある銀行では各行とも本人確認が取れれば、通帳や印がなくても現金を10万円程度引き出せるような臨時措置が取られていました。

ネット銀行ではこうはいきません。

平常時に、預金金利が少しばかり高いからといって、キャッシュの全額をネット銀行にすべて入れてしまうと、いざというときに出金できない目に遭います。

2012年 アベノミクスで元本回復！

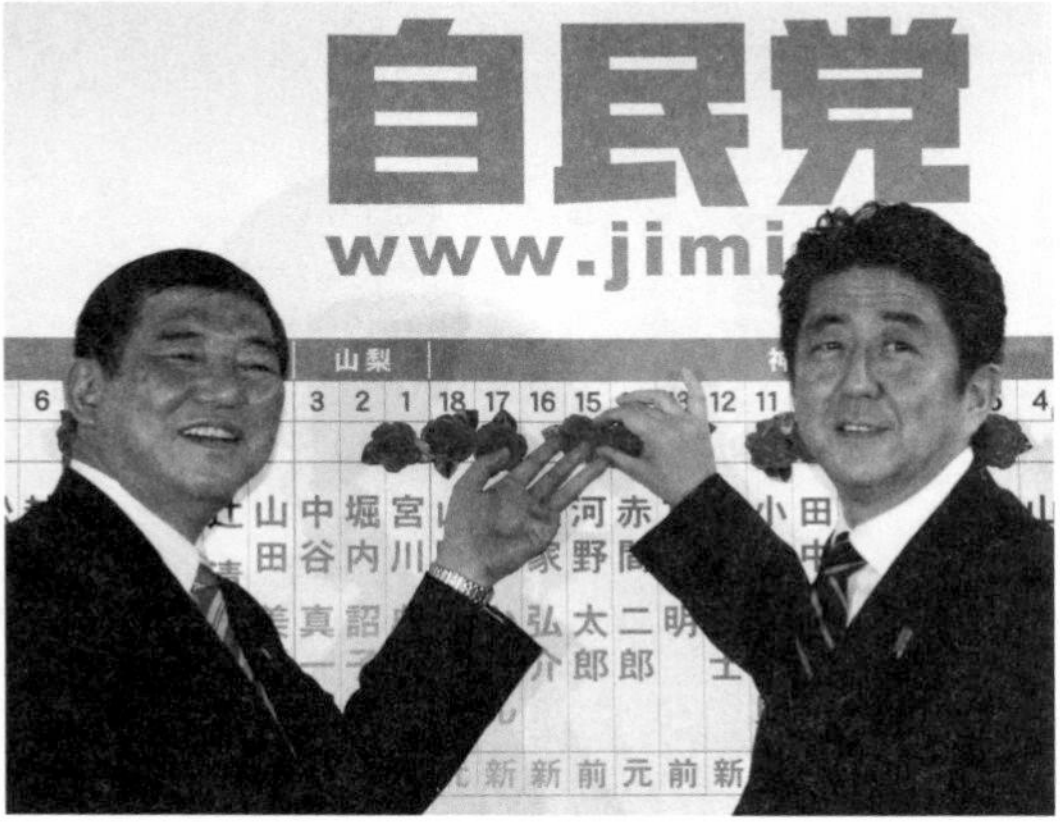

共同通信社／amanaimages 提供

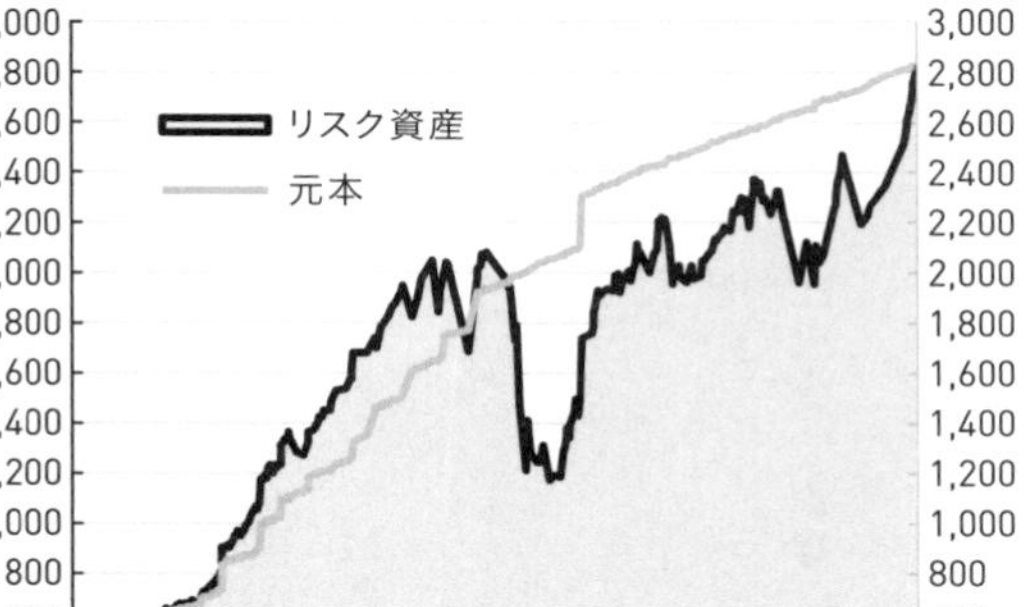

日本株式	+9.7%
先進国株式	+22.0%
新興国株式	+19.5%
日本債券	+2.2%
水瀬ポートフォリオ	+19.7%

2012年、悲惨だった前年をなんとか乗り切り、日本では民主党政権から自民党政権に交代しました。**安倍晋三内閣が誕生し、金融緩和・デフレ脱却に向けた経済政策「アベノミクス」が打ち出されました。**

今までなかなか明言できなかった「インフレ目標」など、一歩踏み込んだ金融緩和策に世界が反応、日本株式は息を吹き返したように急上昇しはじめます。

そして、ついに、ついに、リーマン・ショック以来長らくマイナス状態で推移していた損益が、元本回復しました！（涙）

アベノミクス期待による円高の是正と株高で、水瀬ポートフォリオは急上昇したのです。株価が安いときにも我慢してインデックスファンドをコツコツ積み立て続けてきたことで、平均購入価格が下げられた結果、相場が回復する際に、ポートフォリオの損益が一気に回復しました。

「100年に一度」と言われたリーマン・ショックのあとも、「1000年に一度」と言われた東日本大震災のあとも、わずか2~3年程度で回復する株式市場のしぶとさと、積み立て投資の威力を体感しました。

そして、**またしてもこれが「平均回帰性」なのか**と思いました。

2013年
黒田バズーカが火を噴いた

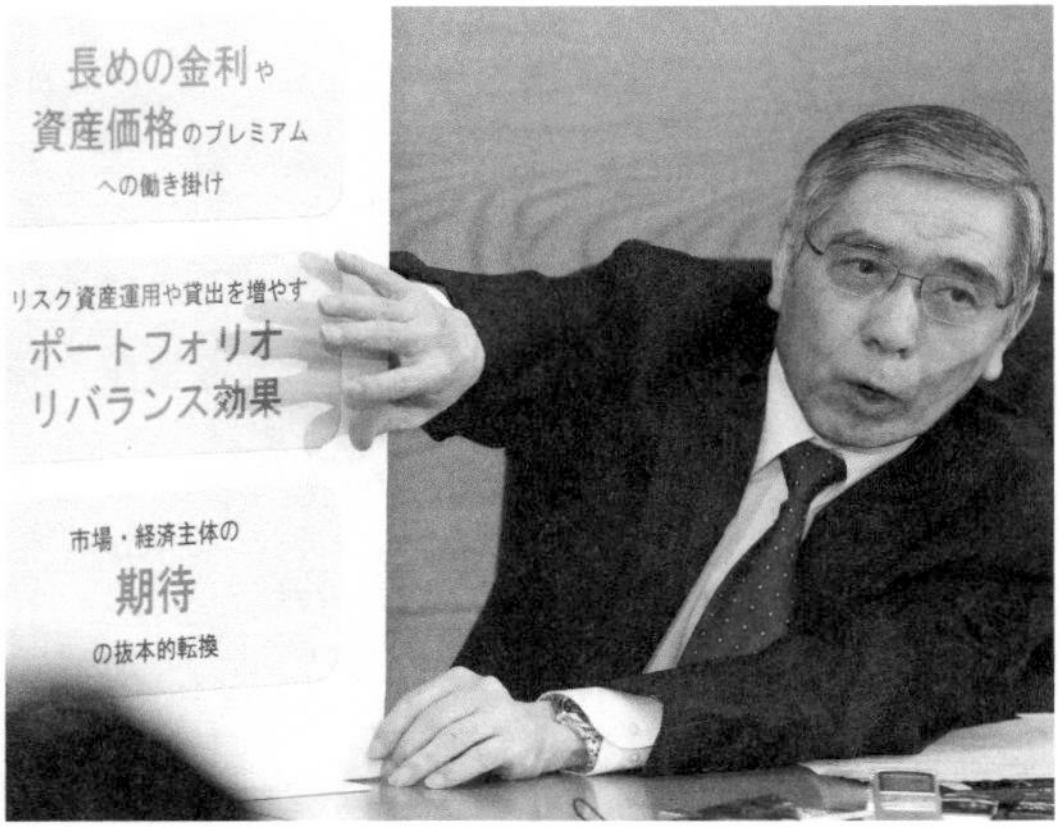

共同通信社／amanaimages 提供

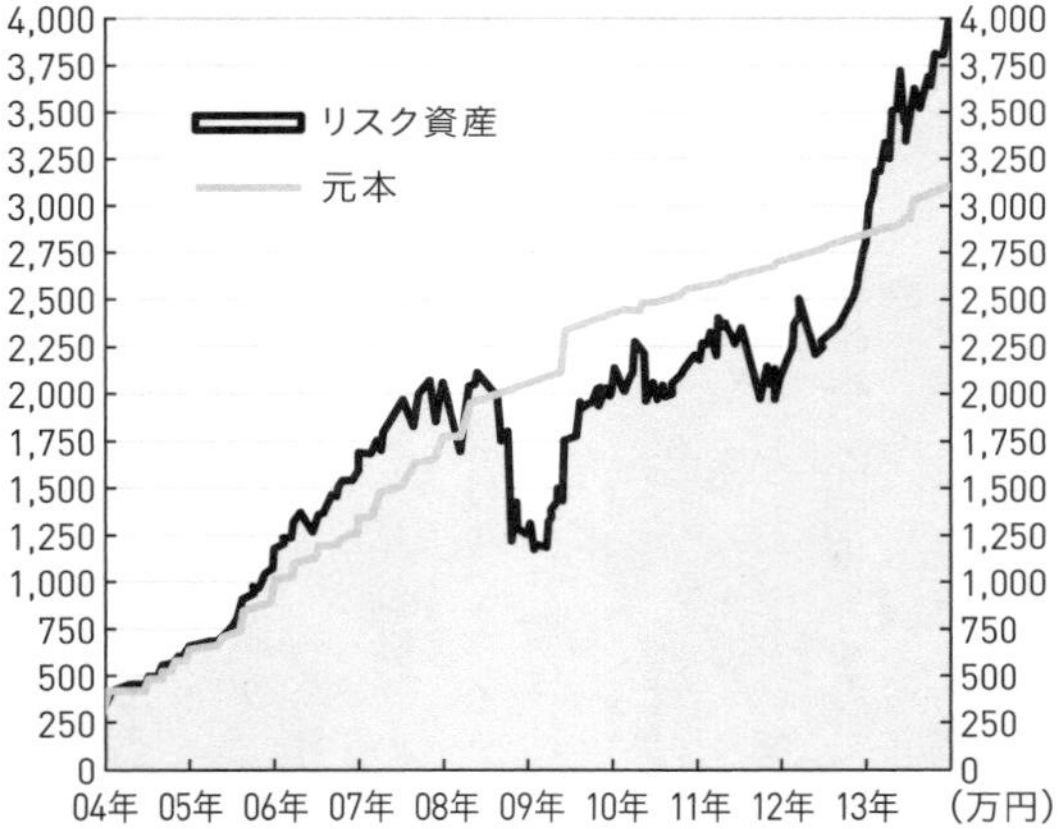

日本株式	+48.8%
先進国株式	+48.1%
新興国株式	+12.6%
日本債券	+1.7%
水瀬ポートフォリオ	+27.7%

2013年、新しく日銀総裁に着任した黒田東彦《はるひこ》氏が、着任早々「黒田バズーカ」といわれる強力な金融緩和策を発表します。安倍内閣と歩調を合わせるように強力な金融緩和策を「戦力の逐次投入をせず、現時点で必要な政策をすべて講じた」と言って打ち出しました。

日銀が市場に供給する金の量を「今後2年で倍増させる」という大胆なもの。国債に加え、上場投資信託（ETF）や不動産投資信託（J-REIT）などのリスク資産も買い増すことも発表され、期待を上回る内容に、市場はお祭り騒ぎになりました。

黒田日銀総裁の「黒田バズーカ」炸裂《さくれつ》で、市場が株高&円安となりました。相場低迷時に安値でコツコツ仕込んでいたインデックスファンドが火を噴き、プラス方向に突き抜け一気に駆け上がりました。

インデックス投資環境としては、10%だった証券優遇税制が20%に戻ることと引き替えに、NISA（少額投資非課税制度）の導入が決定しました。5年間、毎年一定金額の範囲内（当時は100万円、現在は120万円）で購入した金融商品から得られる利益が非課税になる非課税制度です。

個人投資家の長期投資に役立つ制度がようやく整ってきました。

２０１４年　これぞまさに国際分散投資の効果なり！

消費税　きょうから8%

消費税率が4月1日、5%から8%に上がった。税率の引き上げは17年ぶり。高齢化で増え続ける年金や医療などの社会保障費を賄う狙いがある。国民負担は年間で約8兆円重くなる見通し。第一生命経済研究所によると、年収500万～550万円の4人世帯の場合、年間の負担額が7万1千円増える。（関連記事2、3、社会面に）

消費税率の上げを受け、モノやサービスの価格が1日からほぼ一斉に上がる。コンビニエンスストアは原則、午前0時から新税率を適用。主な鉄道は始発から、タクシーは1日に営業所を出た車から新料金に替える。

2014年度の税収増は約5兆円の見込み。うち2・9兆円を基礎年金の国庫負担に、1・3兆円を赤字国債で賄っていた社会保障費の補塡にあてる。0・5兆円は子育て支援充実などに使う。

一方で家計への影響が懸念される。日本経済研究センターによる民間エコノミストの予測集計では、4～6月の実質成長率（前期比年率）はマイナス4・1%に落ち込む。7～9月にはプラス2・2%に戻る見通しだが、政府は回復を確かにするため補正予算を組んで5・5兆円の経済対策を実施。14年度予算でも公共事業の執行を早める。

消費税率は来年10月に10%に引き上げると法律で決まっている。安倍晋三首相は年末までに経済

日本経済新聞 2014 年 4 月 1 日朝刊

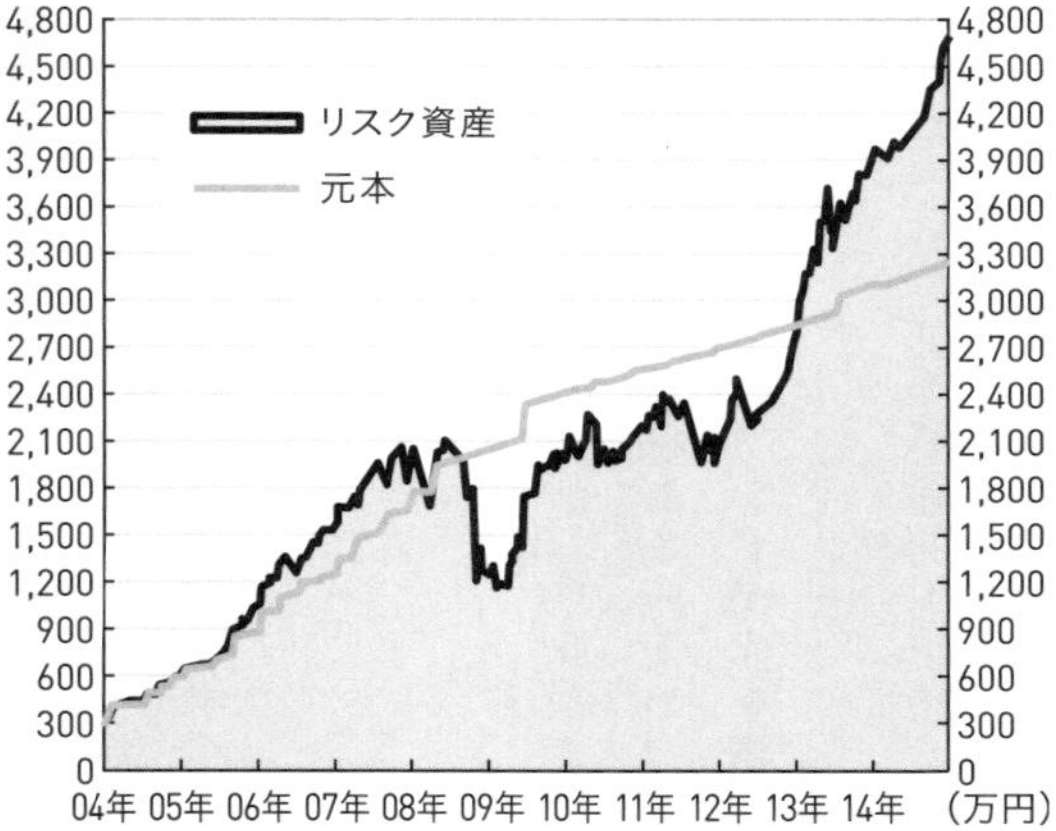

日本株式	+10.7%
先進国株式	+24.3%
新興国株式	+14.7%
日本債券	+3.7%
水瀬ポートフォリオ	+14.6%

2014年4月、日本中の反対を押し切り、日本政府はそれまで5%だった消費税を8%に引き上げました。個人的にも大ブーイングだったのですが、中央銀行である日銀が「消費税率引き上げ後の需要面での弱めの動きがある」として、政府の悪手をフォローするかのように、金融緩和をさらに拡大すると発表しました。

すると、行き過ぎと評価されていた円独歩高（外国為替市場において円通貨のみが買われている状態）が是正されて円安（＝外貨高）が進み、先進国株式を中心に保有資産の評価額が上昇、国際分散投資が軌道に乗り始めます。

国内の消費税増税に加えて、世界でもロシアが軍事力によりクリミア半島を併合するなど、株式市場への逆風も吹いていたものの、**世界中に分散投資していることにより、単一国のリスクは相当に分散されていることを実感しました。**

この年、「**NISA（少額投資非課税制度）**」が始まりました。この時はまだ、毎年100万円を限度に上場株式や株式投資信託を対象とした投資を行えば、5年間は運用益が非課税という制度で、今より非課税金額も非課税期間もごく小さく、使いづらいものでした。しかし、その後、投資家必須の重要制度に進化する胎動がこの時に始まったのでした。

2015年「チャイナ・ショック」による世界同時株安

中国株安 アジア巻き込む
一時8%安 株価対策効かず

【上海＝土居倫之】中国株安が海外市場に本格的に連鎖し始めた。8日は上海総合指数（3面きょうのことば）が一時8%安と急落したのを受け、東京市場で日経平均株価が638円安と今年最大の下げを記録した。アジアの株式相場は全面安で、オーストラリアドルなど資源国通貨も売られた。中国経済の減速を起点とする市場の動揺はアジア全体を巻き込み、世界経済の先行きに暗い影を落とし始めた。（関連記事3面に）

日経平均 638円安

8日の上海総合指数は前日比5・9%安の3507と大幅続落。上海と深圳の全上場銘柄のおよそ半分にあたる1300社超が、企業側の申し出などで売買停止となる異常事態となった。保有株を売却したい投資家が売買停止になっていない銘柄に売りを集中した。

株価下落に危機感を強める中国政府は、国有企業による自社株買いの要請など株価対策を矢継ぎ早に打ち出している。しかしいずれも不発に終わったため、株価の下落に拍車がかかっている。

上海総合指数は2014年夏から上昇局面に入り、今年6月までの1年間で2・5倍になった。6月12日に5166のピークをつけたあとの1カ月で下落率は30%を超す。

中国経済の減速にもかかわらず、昨年夏から今年6月まで株価が急上昇した背景には中国政府の「株高政策」がある。習近平指導部が発した厳しい倹約令の影響で、国内総生産（GDP）の35%を占める個人消費は弱含んでいた。政府が国営メ

日本経済新聞 2015年7月9日朝刊

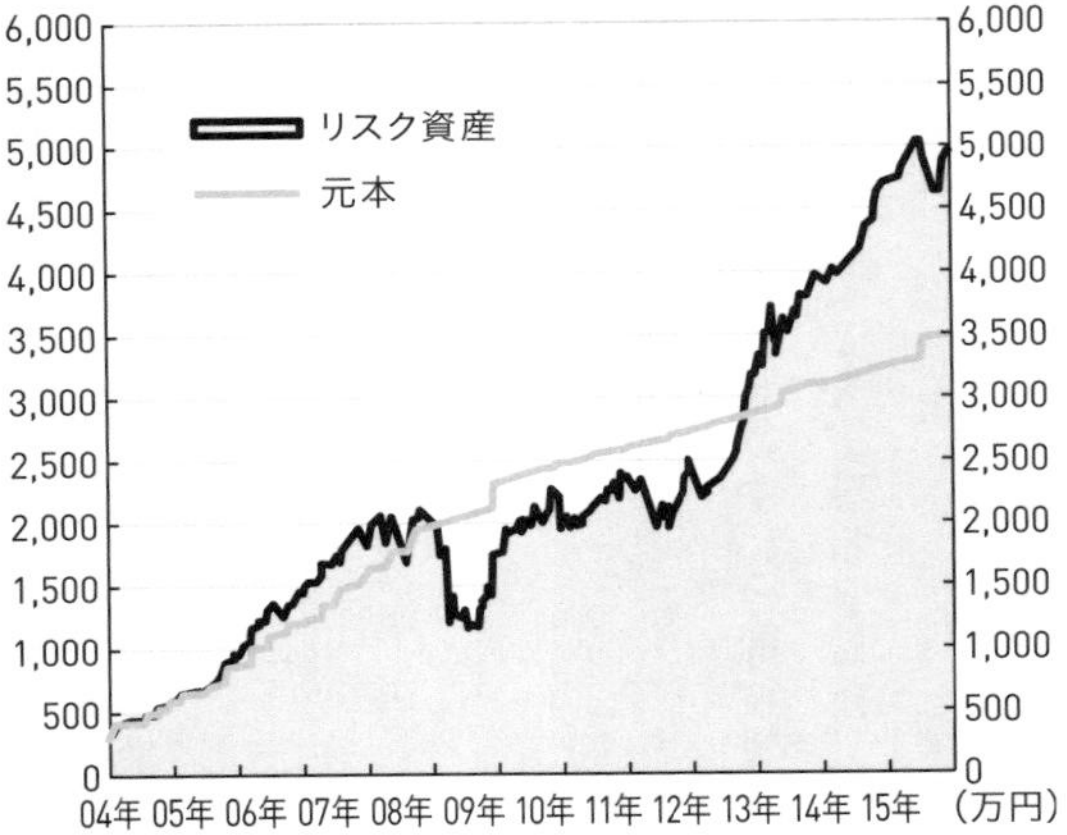

日本株式	+12.1%
先進国株式	+0.1%
新興国株式	▲14.4%
日本債券	+0.6%
水瀬ポートフォリオ	+0.9%

2015年6月、中国で株式のバブル崩壊が起こります。「**チャイナ・ショック**」です。中国の個人投資家たちは株式投資でハイリスクな信用買い（借金での投資）をしていました。株価はバブル状態で上昇し続けていました。上海総合指数は、2015年6月12日にリーマン・ショック後の最高値を付けましたが、「**上がり続ける相場はない**」との格言どおり、その日をピークに株価は下落に転じます。

ひとたび株価の下落が始まると、投資家たちは追加保証金の請求に直面し、彼らの多くが強制的に保有株式の売却を迫られる事態となり、株価のさらなる急落を招きました。中国政府は下落を食い止めるために様々な手段を講じたが、株価の下落は止まらず、ひと月で上海証券取引所の株式時価総額の3分の1以上が失われました。

リーマン・ショック後の世界的な相場回復は、中国を中心とした新興国株式が牽引《けんいん》してきたことから、「中国が転ぶとまた世界中の株式市場が暴落するのではないか……」との不安が脳裏をよぎり、脇にじっとりと汗をかきました。

新興国株式が暴落し、先進国株式も下落したのですが、ここで意外にも日本株式が健闘を見せて上昇し、年間のパフォーマンスはなんとかプラスになりました。私は「いつもは頼りない日本株も捨てたものではないな。イメージにとらわれず、これからも投資しておこう」と思ったのでした。

2016年 EU離脱とまさかのトランプ大統領で乱高下

UPI / amanaimages 提供

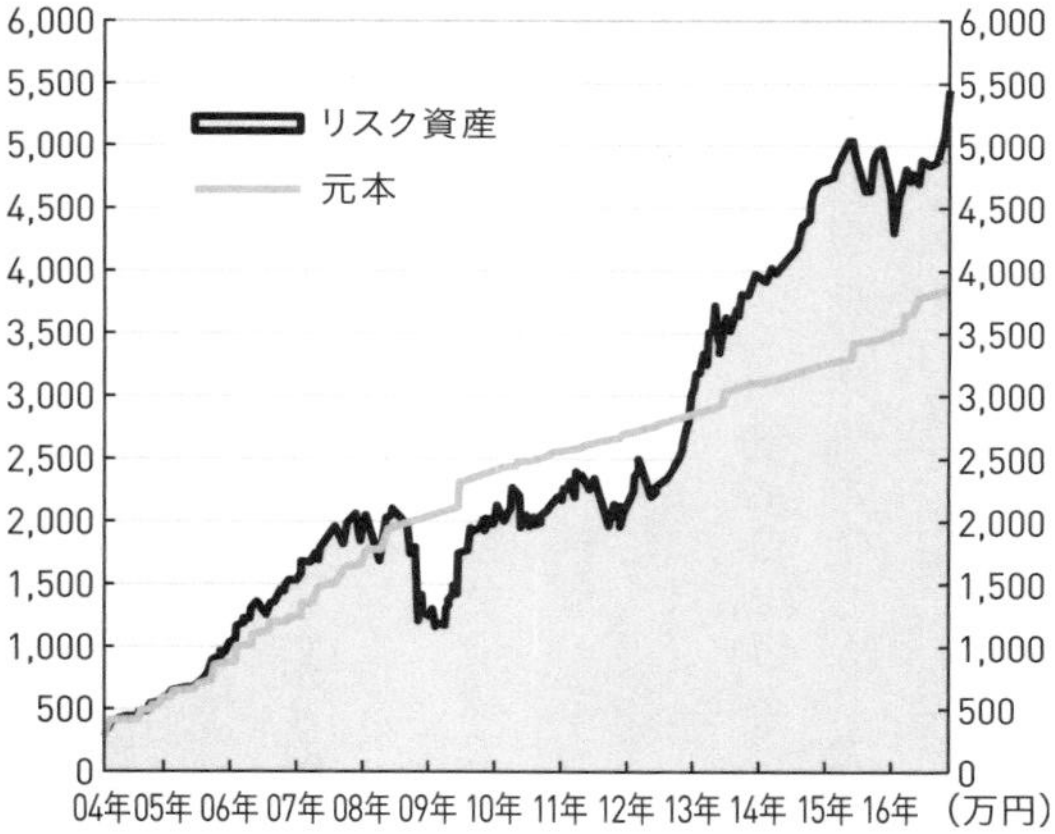

日本株式	+2.4%
先進国株式	+4.3%
新興国株式	+6.5%
日本債券	+2.5%
水瀬ポートフォリオ	+5.0%

2016年6月23日、英国で欧州連合（EU）離脱の是非を問う国民投票が行われました。多くの予想を覆して「離脱支持」という結果となり、世界の外国為替市場や株式市場に激震が走りました。いわゆる**「ブレグジット・ショック」**です。

翌日24日の株式市場は当事者である英国は▲3・1%でしたが、主にEU周辺国の方が大きく下落して、英国の行動によっては世界経済が大きく混乱することが懸念されました。幸いなことに英国もその他の世界の国々も、1週間程度で落ち着きを取り戻し、「今年はぼちぼちのリターンで終わりそうだな」と思っていました。

そんな矢先の11月、米国の大統領選挙で大波乱が起こります。

世界中のマスコミや専門家が予想していた民主党候補のヒラリー・クリントン氏が負け、共和党候補のドナルド・トランプ氏が勝利したのです。トランプ氏は「米連邦準備理事会（FRB）のイエレン議長はクビだ！」といった過激な発言を繰り返しており、もしトランプ大統領になった場合、株式市場は暴落するとの意見が一般的でした。

しかし、いざトランプ大統領が誕生すると、株式市場は1日だけ下落した後に、なんと急上昇を始めます。あれよあれよという間に世界的な株高に発展し、「トランプ・ショック」が一転して**「トランプ・ラリー」**と呼ばれるようになり、この後続く米国株式の快進撃につながります。世の中、本当にわからないものです。

2017年
新興国が世界の株式市場をけん引！

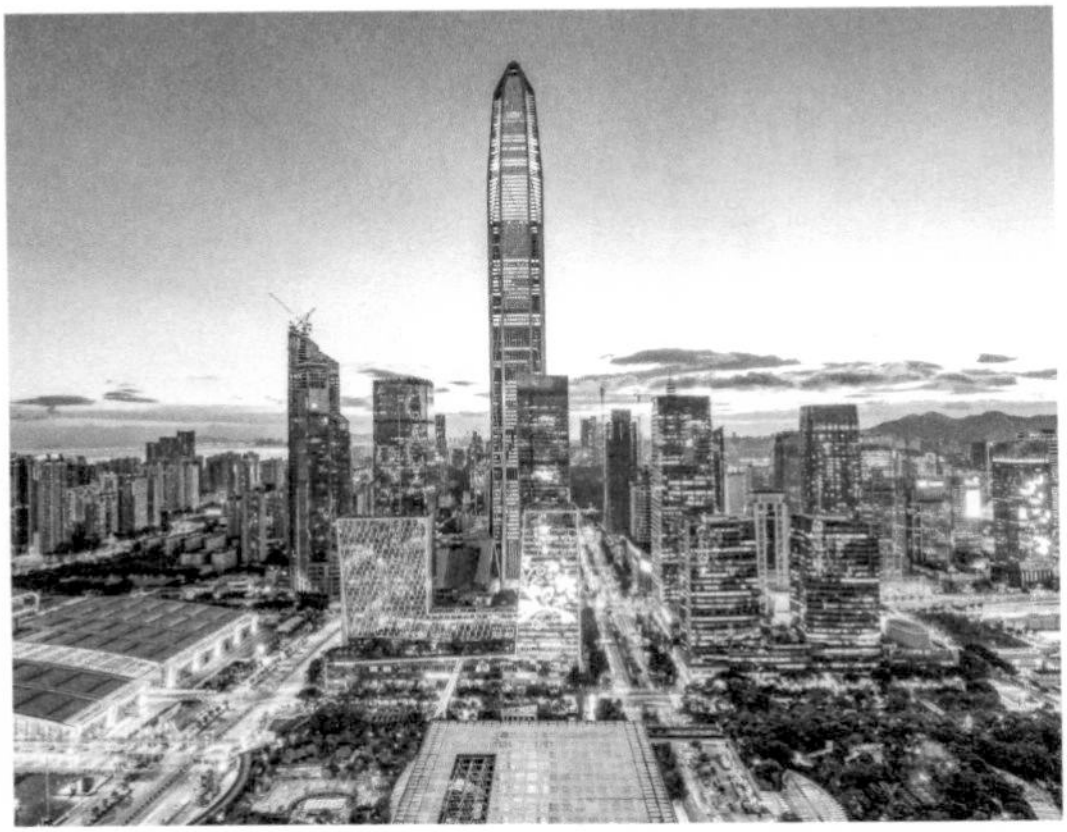

HelloRF Zcool（Shutterstock）提供

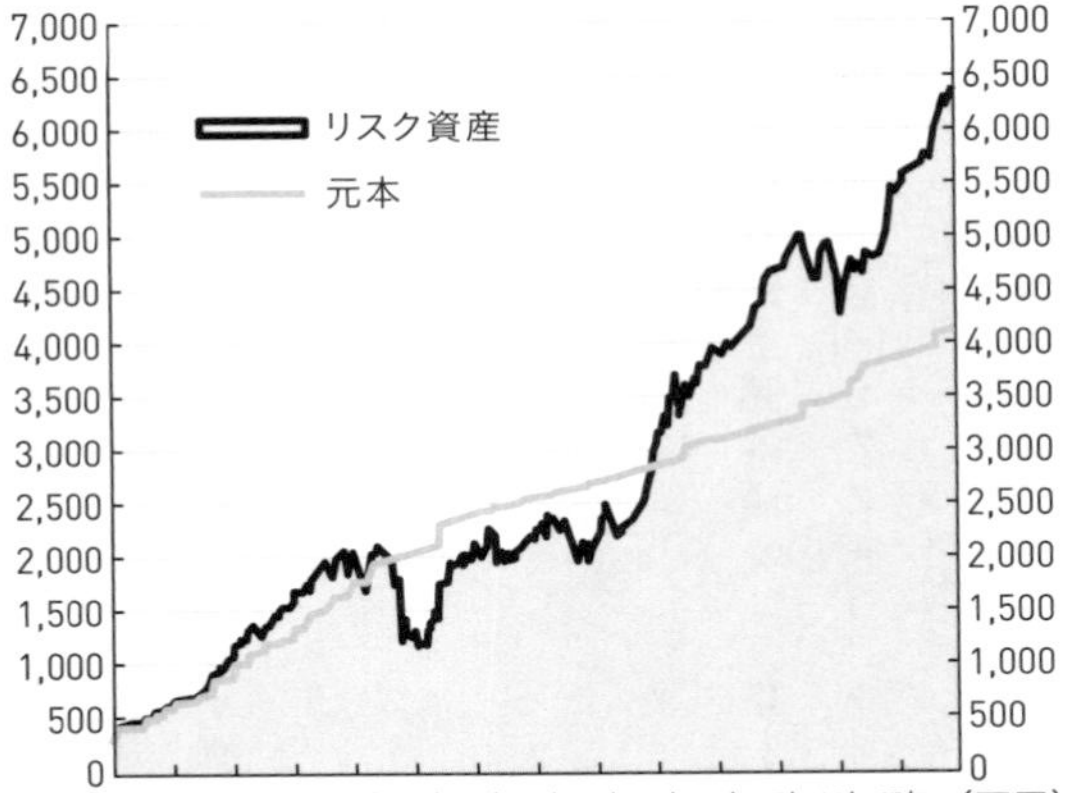

日本株式	+18.9%
先進国株式	+16.3%
新興国株式	+29.8%
日本債券	▲0.1%
水瀬ポートフォリオ	+13.5%

2017年、新興国株式が大幅に上昇しました。 特に、「チャイナ・ショック」から立ち直った中国は＋46%、韓国は＋38%、インドは＋31%と大幅な上昇を記録しました。上にも下にも値動きが激しい（リスクが高い）のが新興国株式です。

先進国株式も米国トランプ政権の経済政策への期待から底堅く推移しました。

この年、「ＮＩＳＡ」の発展版「つみたてＮＩＳＡ」が２０１８年1月から始まると発表されました。インデックスファンドのつみたて投資にほぼ特化しており、本書でおすすめしているインデックス投資にぴったりの非課税制度に進化したのです。

この「つみたてNISA」開始に向けて、インデックスファンドの運用コスト競争が勃発《ぼっぱつ》しました。 既存のインデックスファンドの信託報酬が次々と値下げられ、本書でおすすめしている超・低コストインデックスファンド「ｅＭＡＸＩＳ Ｓｌｉｍ」シリーズが新規設定されるなど、インデックス投資の環境がより良く整備されていきました。

そんななか、２０１７年12月、拙著『お金は寝かせて増やしなさい』の初版が刊行。当時の読者の方々は、最後の「涙と苦労のインデックス投資家15年実践記」が右肩上がりで締めくくられた「いい感じ」のまとめに見えたかもしれません。しかし、エピローグに書いた「リーマン・ショック級の大暴落はいつかまた来る」という一文が予想外に早く現実のものになろうとは、その時はまだ誰も知る由がなかったのです……。

2018年 米中貿易摩擦で市場は戦々恐々

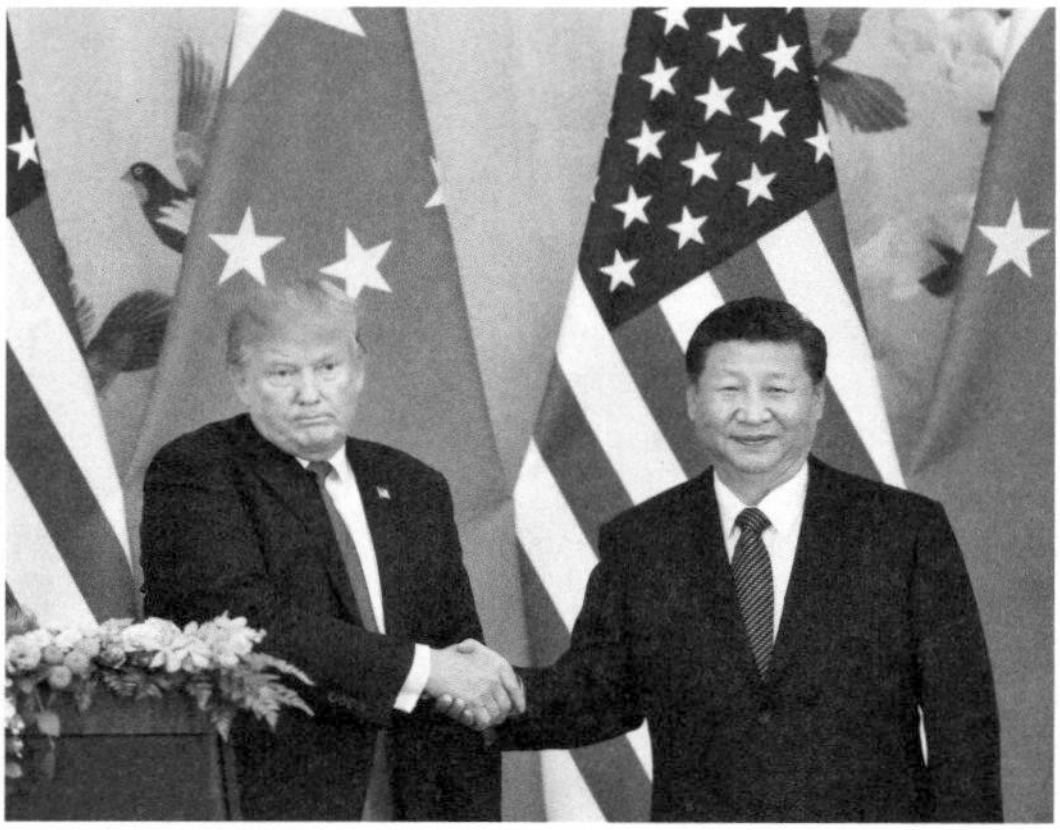

共同通信提供

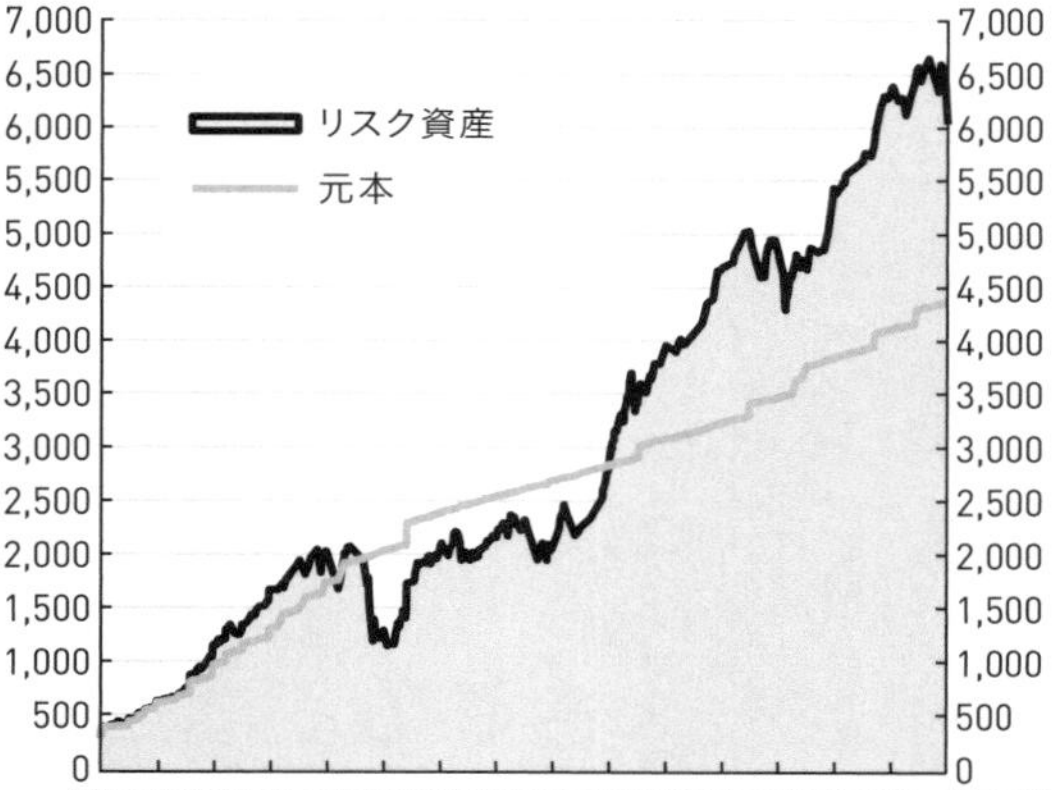

日本株式	▲16.3%
先進国株式	▲11.5%
新興国株式	▲17.6%
日本債券	+0.5%
水瀬ポートフォリオ	▲9.4%

２０１８年、絶好調だった世界経済に急ブレーキがかかります。

米国では景気が過熱して賃金の伸び率が予想を大きく上回り、長期金利が急上昇。金利が上がると企業の資金調達コストも上がり、企業業績に悪影響を与えると予想した投資家たちが株式を売りました。

さらに、米国と中国が貿易をめぐって争いを始めます。**米中貿易摩擦**です。互いに高い関税を課す輸入制限を発動し、米中貿易摩擦が深刻化していきました。

米金利上昇と米中貿易摩擦を嫌気した株式市場は大きく値下がりしました。

日本株式は、当の米国株式・中国株式よりも大きな株価の乱高下を繰り返し、日経平均株価は二度も３０００円以上（14～16％）下落しました。２０１１年の東日本大震災からの復興後、なんだかんだいいながらも毎年プラスのリターンだった日本株式も、年末には7年ぶりにマイナスのリターンとなってしまいました。

ただ、こんな時に光り輝いて見えるのが「**日本債券**」です。日本株式、先進国株式、新興国株式がそろってマイナスリターンになるなか、日本債券は値動きが小さく、安定的にプラスリターンを出していました。**保有資産全体ではマイナスになったのですが、日本債券がクッションとなり、マイナス幅を小さくしてくれていました。**リーマン・ショックの時も思いましたが、下げ相場では日本債券が頼りになります。

2019年 米国・欧州株が史上最高値を更新！

「老後2000万円」個人動く

ネット証券、NISA申し込み急増

「老後に約2000万円の備えが必要」とした金融庁の報告書をきっかけに、個人が資産形成へ動き始めている。ネット証券では20～40代の現役世代を中心に、運用益が非課税の少額投資非課税制度（NISA）の申し込みが急増。資産運用を扱うセミナーには募集を大幅に上回る参加希望者が集まっている。報告書を機に、個人による「じぶん年金」づくりが広がりつつある。

金融庁の報告書をきっかけに個人投資家が動き始めた（都内のセミナー）

日本経済新聞が大手ネット証券に聞き取りしたところ、楽天証券では金融庁報告書が発表された直後の6月第3週（10～14日）にNISAの契約申し込みが1カ月前と比べ1・7倍に増えた。個人型確定拠出年金（イデコ）も同様に1・8倍に増加。マネックス証券の6月第3週のイデコの申し込みは4月の1日平均に比べ1・7倍に増えた。

前週比15%増

最大手のSBI証券でも、金融庁の報告書が公表された6月第2週（3～7日）に証券総合口座の申し込みが前の週に比べて15%増加した。積み立て型のつみたてNISAは30%増えた。大手ネット証券では「20～40代を中心とした現役世代の申し込みが多い」という。

セミナー活況 現役世代、高い関心

「老後に2000万円は本当に必要か緊急会議」。金融セミナーを手がけるファイナンシャルアカデミー（東京・千代田）はこう銘打ったセミナーを17日夜に都内で開いたところ、36人の定員に対し、応募が殺到した。会場は仕事帰りの20～50代の会社員ら144人が埋め尽くした。

個人の資産形成の相談に応じるファイナンシャルプランナー（FP）への引き合いも増えている。都内のFP事務所ではセミナーへの参加や資産運用の相談申し込みが通常より約4割増えた。

現役世代の口座開設が目立つ

（出所）金融庁まとめ、つみたてNISAの口座数。2018年12月末時点

▼つみたてNISA 投資信託などを毎月買い付ければ、年40万円までの投資を上限に配当や売却益が20年間にわたり非課税になる制度。金融庁が基準を設け、販売手数料がゼロ、信託報酬が安い低コストの商品に絞っているのが特徴。現在、対象商品となる投信などは約160本ある。

2018年1月に制度が始まってから1年間で口座開設数は100万を超えた。世代別では20～40代の現役世代が7割近くを占め、新規の口座開設も多い。個人投資家の裾野を広げる受け皿になりつつあるが、時限措置であるため制度の恒久化が焦点になっている。

日本経済新聞 2019 年 6 月 26 日朝刊

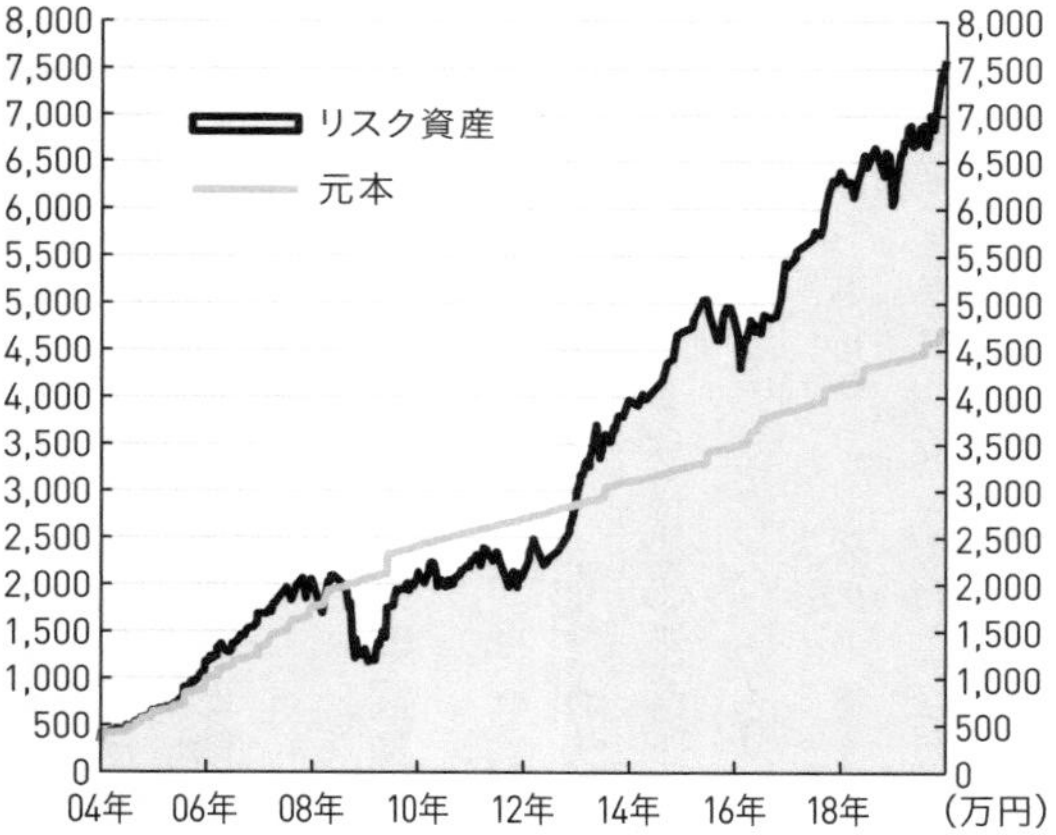

日本株式	+17.6%
先進国株式	+28.2%
新興国株式	+17.9%
日本債券	+1.1%
水瀬ポートフォリオ	+19.1%

2019年、世界の株式市場は右肩上がりに推移します。特に先進国株式が絶好調でした。世界の懸案だった米中貿易摩擦の交渉進展、FRBの金融緩和への転換観測などから、株式市場は大きく上昇しました。12月に米中の通商協議が一定の合意に達したことを受けて、**米国株式や欧州株式は過去最高値を更新しました。**

そんななか、日本では誰もが老後に年金受給額のほかに2000万円が必要であるかのようにマスメディアが仕立てあげた**「年金2000万円不足問題」**が、連日テレビのワイドショーや新聞で騒ぎ立てられていました。

将来的に豊かな暮らしをしたいなら、自分で貯蓄したり、投資したりして計画的に備える必要があるのは昔から何も変わっていません。自分の無知を棚に上げ、ノーリスクでもらえる年金が少ないだの詐欺だのと喚《わめ》き散らすマスメディアには心底呆《あき》れたものです。リスクを取って国際分散投資をしていた人々が史上最高値更新で大儲けする一方で、リスクを取らず準備もしていない人々が現実を見て「もらえる年金が足らない！」と大騒ぎをする。なんとも対照的な姿を見た一年でした。

ただ、一方で良いこともありました。**資産形成の必要性に気づいた多くの方々が、「つみたてNISA」に着目して、つみたて投資を始めたのです。**特に若年層のつみたてNISA利用者が増加したことは「ケガの功名」といえるでしょう。

2020年 またキター(;ﾟДﾟ)ーー!! コロナで全世界震撼

外出自粛 首都圏で

新型コロナ拡大5都県合意

企業も対策急ぐ

東京と神奈川、千葉、埼玉、山梨の1都4県は26日、不要不急の外出を自粛するよう住民に求めた。東京都で新型コロナウイルスの感染者数が急増し、爆発的な感染拡大の恐れが出ているため、結束して人の往来を抑える。政府も同日「緊急事態宣言」を可能にする新たな対策本部を設置した。企業は営業の休止や在宅勤務の推進に着手しており、首都圏を挙げた危機対応が動き始めた。（関連記事3、5面、社会面に）

東京都の小池百合子知事は26日夜、4県の知事とテレビ会議で話した。その後、4知事との連名で「知事共同メッセージ」を発表した。人混みへの不要不急の外出やイベントの開催・参加を自粛するよう求めた。「密閉空間」「多くの人の密集」「近距離での会話」の条件が重なる場を避けるよう呼びかけた。在宅勤務と時差通勤の実施や、感染の発見が難しい若年層の「慎重な行動」も要請した。4県は都内への通勤・

休業や営業時間短縮など相次ぐ

社名・施設名	対応
すかいらーくホールディングス	28日と29日、「ガスト」の都内全店舗を深夜休業
TOHOシネマズ	東京都と神奈川県、埼玉県の劇場で28日、29日の営業を休止
高島屋	日本橋店（東京・中央）など首都圏の基幹3店舗を28、29日に臨時休業
NTTドコモ	3月26日～4月1日、都内の全携帯販売店の営業時間を短縮
ライフコーポレーション	26日午前から、本部から売り場への応援人員を派遣
西武鉄道	遊園地「としまえん」（東京・練馬）と西武園ゆうえんち（埼玉県所沢市）を当面休園
日本生命保険	公私ともに、土日の外出を自粛、26日から夜間の懇親会も全面禁止
JTB	5月10日出発分まで欧州や中国、韓国などへのパッケージツアーを中止
新宿御苑	27日から閉園

従業員のテレワークが拡大

サイバーエージェント	30日から原則テレワーク体制に。有期雇用含む社員約6000人が対象
三井不動産	3月27日～4月12日は全社員原則在宅勤務に
東芝	テレワーク対応で社内システムに一度に接続できる回線を5倍に増やす
日本郵船	週3回のテレワーク上限を撤廃
日立製作所	都内勤務者5万人が在宅勤務

日本経済新聞 2020 年 3 月 27 日朝刊

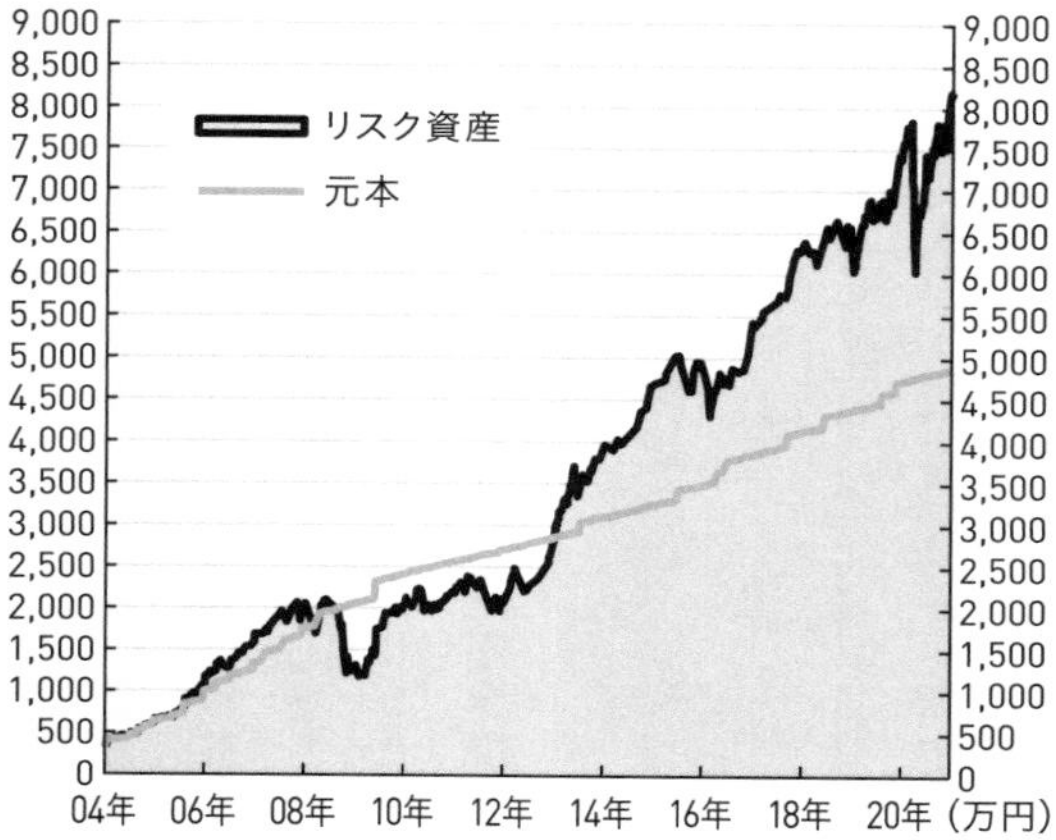

日本株式	+7.0%
先進国株式	+8.4%
新興国株式	+8.4%
日本債券	▲1.2%
水瀬ポートフォリオ	+6.4%

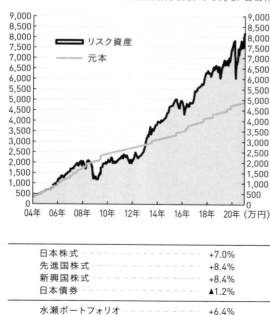

2020年、人類にとって未知の新型コロナウイルス感染症が全世界を襲います。急性呼吸器疾患等を引き起こす感染症が、あっという間に世界的流行（パンデミック）になったにもかかわらず、当初は感染経路すらわからず、特効薬もありませんでした。世界規模の都市封鎖（ロックダウン）や入国制限、様々な行事の延期や縮小など、人類が過去に経験したことのない事態に陥りました。この年に東京での開催が予定されていた「東京オリンピック2020」までもが、史上初めて延期されるという異常事態に世界は震撼《しんかん》しました。

見えない敵との戦いで、全世界の株式市場が暴落しました。「コロナ・ショック」です。

前例がほぼない（100年前のスペイン風邪まで歴史をさかのぼらないといけない）パンデミックという異常事態と、株価が急落するスピードが異様に早かったことも、人々の恐怖心をいっそうかき立てました。

世界経済の中心である米国株式市場でサーキット・ブレーカー（相場過熱による一時取引停止）が連日発動して、株価チャートが鋭い角度で暴落する2020年2月19日から3月23日までのたった1カ月ちょっとで、米国S&P500指数は33・9%下落しました。

当時、すでに18年間積み立て投資を続けていた私の運用資産は金額が大きくなっており、そのぶん暴落の金額的ダメージも大きくなります。

いつも「騰落は気にしません」と言っていた私も、さすがに「これはヤバいかも⁉」と一瞬たじろぎました。

ただ、この感じ、初めてではありませんでした。

私には2008年のリーマン・ショックの大暴落と、それを乗り越えた経験がありました。

世界中の金融機関や有識者たちが冷静になるよう情報発信していましたし、私も、保有資産全体のリスク水準が自分のリスク許容度の範囲内であることをいつもどおり確認したうえで、感情的な売買は控えようとブログやSNSで機を捉えて呼びかけました。

幸いにというか、驚くべきことにというか、世界中の製薬企業による急速なワクチン開発や医療従事者の献身的な対応をはじめ、政府の財政支援、リモートワークの進展、手洗い・消毒の徹底などにより、人々は生活をニュー・ノーマル（人間活動の新たな常態）に適応させていきました。

株式市場では、2020年3月19日頃を底に、株価が急激に切り返しはじめました。下落スピードが尋常ではなく早かったのと対をなすように、上昇スピードも尋常ではない早さでした。

まさに急激なV字回復で、半年後には株価水準はほぼ元どおりに戻ってしまいました。リーマン・ショックの時よりもはるかに早い。

それどころか、世界各国の新型コロナウイルス感染症対策の金融緩和政策や財政出動への期待から、その後も株価は上昇を続け、年末には**「コロナ・バブルか？」**とも言われるような上げ相場に化けていました。

怒涛の2020年。終わってみればまさかのプラスリターンでした。

混乱は続いていましたが、いざとなった時の人類の「強さ」や「しぶとさ」をまざまざと見せつけられた1年でした。

2021年
苦節20年！ついに「億り人」となる

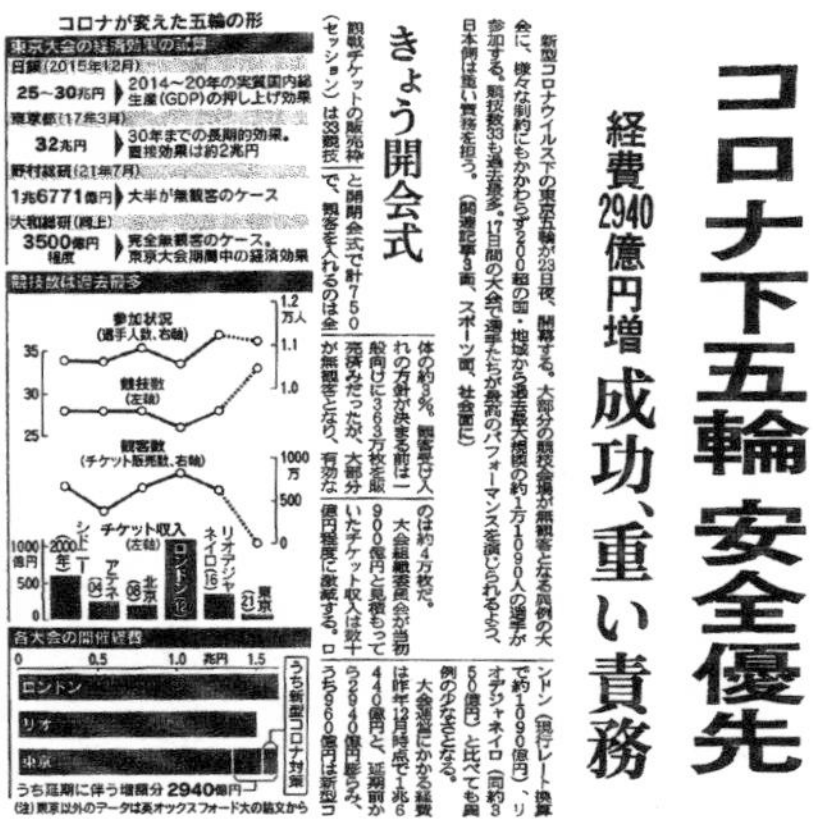

コロナ下五輪 安全優先
経費2940億円増 成功、重い責務

新型コロナウイルス下の東京五輪が23日夜、開幕する。大部分の競技会場が無観客となる異例の大会に、様々な制約にもかかわらず200超の国・地域から過去最大規模の約1万1090人の選手が参加する。競技数33も過去最多。17日間の大会で選手たちが最高のパフォーマンスを演じられるよう、日本側は重い責務を担う。（関連記事3面、スポーツ面、社会面に）

きょう開会式

観戦チケットの販売枠と開閉会式で計750（セッション）は33競技で、観客を入れるのは全体の約3%。観客受け入れの方針が決まる前は一般向けに363万枚を販売済みだったが、大部分が無観客となり、有効なのは約4万枚だ。

大会組織委員会が当初900億円と見積もっていたチケット収入は数十億円程度に激減する。ロンドン（現行レート換算で約1090億円）、リオデジャネイロ（同約350億円）と比べても異例の少なさとなる。

大会運営にかかる経費は昨年12月時点で1兆6440億円と、延期前から2940億円膨らみ、うち960億円は新型コ

日本経済新聞2021年7月23日朝刊

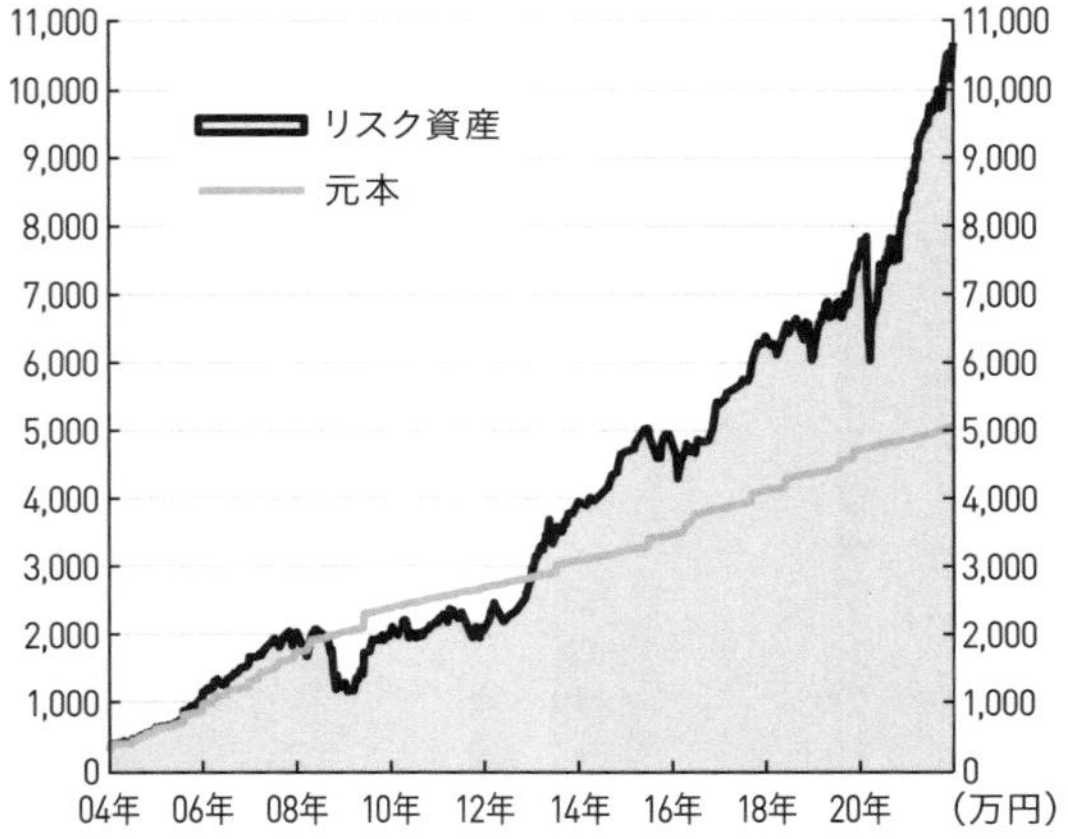

日本株式	+12.3%
先進国株式	+37.5%
新興国株式	+8.2%
日本債券	▲0.5%
水瀬ポートフォリオ	+26.6%

2021年、依然コロナ禍は続いていたものの、世界は創意工夫を重ねて、徐々に経済活動を再開していきます。

米国では年初にバイデン大統領が就任して、大規模な経済対策案を相次いで発表しました。また、欧米を中心にワクチン接種が進んだことが好感されたほか、雇用の回復、企業業績の好調などから、世界の株式市場は上昇を続けました。

途中、何度か新型コロナウイルスの新しい種類（デルタ株・オミクロン株など）が出てきて株式市場を冷やすことはありましたが、すぐにワクチンが開発されるなど、人々は新型コロナウイルスとの戦い方を心得ていき、「ニュー・ノーマル」の経済活動を加速させていきました。

この年、1年遅れで開催された「東京オリンピック2020」は史上初の無観客開催となりましたが、多くの競技で世界新記録が続出し、コロナ禍で疲弊した世界中の人々に勇気を与えたのではないかと思います。

閉会式では次回のオリンピック開催都市であるパリのプロモーション映像が流されました。パリ市民たちが誰ひとりとしてマスクをしていない映像に、これからの希望を見出《みいだ》した方も多いのではないでしょうか。

そして、近年稀に見る好調相場により、年末の足音が近づいてくる頃には、私の運

用資産は1億円の大台を突破しました。

2002年から20年間、毎月、世界中に分散したインデックスファンド等を積み立て続けてきただけで、いわゆる「億り人」になったのです。

当時のポートフォリオの期待リターンは年率+4・4%、リスク（標準偏差）は13・6%でした。運用期間は20年で、実際のリターンを計算したら年率+6%でした。平凡な実績ですが、期待リターンよりは少し良い方にふれたようです。良い方にふれたのは、そこに至る数年の年の相場状況が良かったからだと思います。

しかし、そんなものは計算期間によってころころ変わるのであまり意味はありません。

それよりも、リスク水準を自分のリスク許容度の範囲内に収めることを重視して、同じ資産配分で毎月1回ひたすら積み立てることをしっかり続けてきたことが奏功したのだと思います。

年1回リバランスをしてきましたが、計算してみたらあまり変わっていなかったため、結果的にやらない年もよくありました。

なにもすごいことはしていません。

教科書どおりの愚直なインデックス投資をひたすら続けてきただけです。

時間はかかりましたが、それでもおおむね期待どおりの結果が出たことがうれしかったです。ただし、「ここで運用が終了するわけでもなんでもない。今後も運用は続き、評価額の上げ下げは続くのだからな……」と、自分で自分の気を引き締めた次第です。

2022年 ウクライナ侵攻で世界中が「悪いインフレ」

ウクライナ東部に派兵

ロシア、冷戦後秩序揺さぶる

米高官「侵攻の始まり」

G7外相、緊急協議

ロシアはウクライナへの圧力を強める

日本経済新聞 2022 年 2 月 23 日朝刊

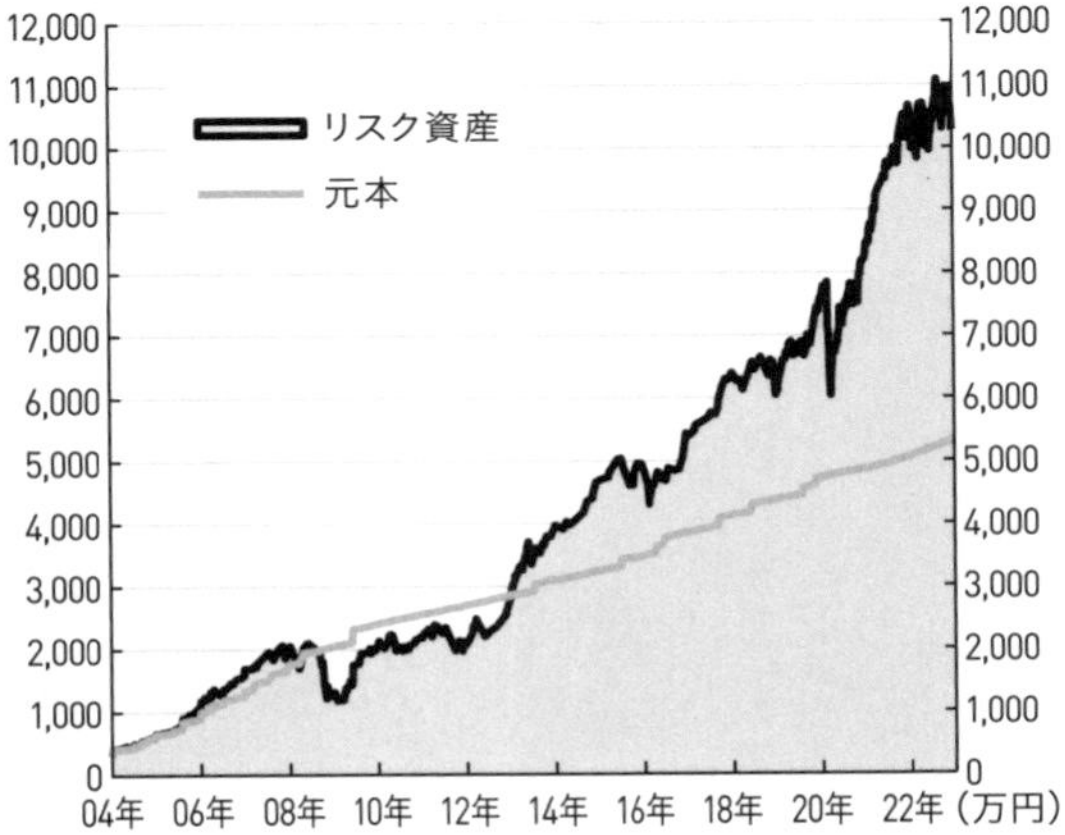

日本株式	▲2.9%
先進国株式	▲5.9%
新興国株式	▲7.5%
日本債券	▲5.6%
水瀬ポートフォリオ	▲6.2%

2022年、新型コロナウイルスに打ち勝ったかに見えた世界は、思いもよらない方向へと流されていきます。

2022年2月24日、突如ロシアが隣国ウクライナに軍事侵攻を開始したのです。ロシアは2014年にも武力によるクリミア併合を行いましたが、今度は本格的な戦争状態に突入します。ロシアはウクライナ側の激しい抵抗だけでなく、欧米諸国をはじめとする国際社会の強烈な反発を招き、世界から孤立し、経済制裁で大きな打撃を受けます。

しかし、連動性が高まった世界経済において、影響はロシアとウクライナの二国間だけにとどまりません。

ロシアやウクライナが産出する原油や天然ガス、小麦などの商品価格の上昇が加速しました。経済活動の根幹たるエネルギー価格の上昇は、世界経済全体に大幅な物価上昇をもたらしました。

いわゆる「**悪いインフレ**」があっという間に世界を飲み込みます。

止まらない物価上昇＝インフレに対処するため、欧米各国の中央銀行は断続的に大幅な利上げを行い、景気にブレーキをかけていきます。いわば「景気を犠牲」にしてでもインフレを止めないと、経済がどうにかなってしまうほどの危機的状況に陥っていました。

欧米の中央銀行が率先して景気にブレーキをかけているのですから、当然、世界の株価は下落します。全世界株式インデックスであるMSCI ACWIは一時、ドルベースで▲27%を記録しました。

しかし、ここで我が国・日本は意外な道を選びます。

世界中の中央銀行が断続的に利上げを行うなか、日本の中央銀行だけは利上げを行わず、ほぼゼロ金利を維持し続けたのです。

狙いがあったのか他に取れる手段がなかったのか、理由は不明ですが、世界中で利上げが行われる中で日本だけが利上げしないので、必然的に円安（外貨高）が急進しました。ドル円レートは2021年末の1ドル115円から、2022年10月20日には1ドル150円と約30%も円安（ドル高）が進みました。

前述のとおり、全世界株式はドルベースで見ると一時▲27%を記録していましたが、**私たち日本の投資家から見ると、円安（外貨高）のおかげで先進国株式・新興国株式の円ベースの評価額がプラスに働き、結果的に一桁%のよくある下落水準で済んだの**

です。

２００８年のリーマン・ショックの時には国際分散投資で、円高（外貨安）＆株安の往復ビンタを喰らいましたが、十数年の時を経て、２０２２年の株価大幅下落では円安（外貨高）により株安が相当緩和されました。

この様子を見て、国際分散投資は、株式だけでなく**通貨の分散**にもなっていて、やはり効果が出る時もあるのだなと実感しました。

2023年 思えば遠くへ来たもんだ

Miha Creative（Shutterstock）提供

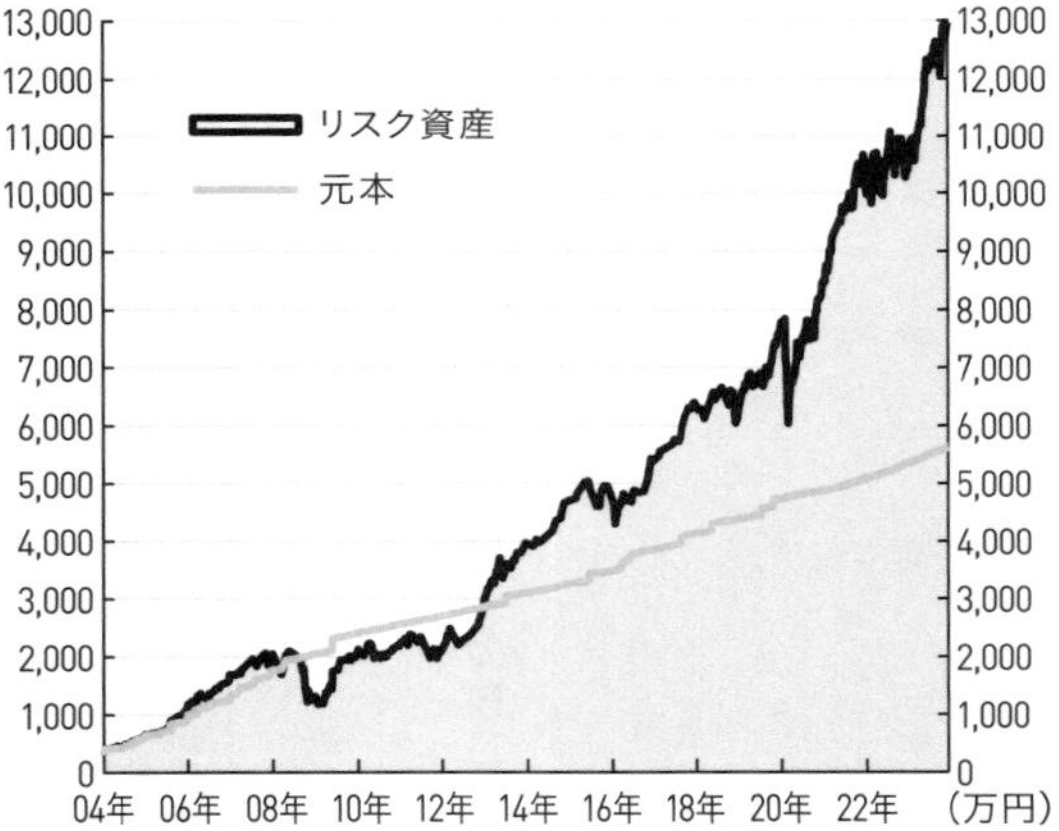

日本株式	+27.7%
先進国株式	+31.7%
新興国株式	+16.2%
日本債券	+0.1%
水瀬ポートフォリオ	+23.3%

ようやく、2023年です。

世界各国の中央銀行がインフレを抑え込むため実施してきた断続的な利上げの打ち止め観測が織り込まれる形で、株式市場は2021年の好調相場に迫る勢いの上げ相場となりました。私の資産額も大幅に増えた1年となりました。

思い起こせば、2002年からインデックス投資を始めて、20年以上（正確には22年）が経ちました。

本書を改訂するにあたり、各年の出来事をふり返ってみると、本当にいろいろなことがあったなぁとしみじみ思います。世界を揺るがす大きな出来事が起こっては消化され、起こっては消化され……を繰り返してきました。ある時は不運に鞭打《むちう》たれ、ある時は幸運に助けられながら、世界経済と私の運用資産は成長していきました。

保有資産は、約20年かけて積み上げた元本に対して約230%、約1億3000万円に増えています。

思えば遠くへ来たもんだ。

特筆すべきは、その間、ほとんど手間をかけていないということです。私がやったことといえば、月1回の定額積み立て、年1回のリバランスだけ。利益確定や損切りのためにインデックスファンドを売却したことはただの一度もありません。

この約20年間、投資にはほとんど手間がかからなかったおかげで、本業の仕事に打ち込むことができました。転勤、部署異動、別会社でさまざまな仕事を経験し、失敗も成功もありましたが、少しは昇進し、当時よりも年収を上げることに成功しました。

プライベートでは、結婚して家庭を持ちました。趣味の釣りやサッカー応援も楽しんでいます。友人たちと会ってビールを飲む時間は至福です。もちろん、ときには辛いこともありますが、下町で日々楽しく穏やかに暮らしています。

本書を書くきっかけにもなった投資ブログも、日々の投資に手間がかからなかったからこそ、余裕時間でつらつら書く余裕があったのだと思います。

昔のように、チャートとにらめっこしていたり、会社四季報と投資銘柄の財務諸表を読み込んでいたりする生活をしていたら、こうはいかなかったかもしれません。

このインデックス投資という投資法に私は感謝しています。

ですから、ブログや本を通して、多くの日本人にこの投資法を知っていただきたいと心から思っています。

インデックス投資を20年間実践してわかったこと

米国においては当たり前のインデックス投資ですが、日本の個人投資家にとっては比較的新しい投資法です。

ですので、20年以上の長期経験者がまだあまりいない状況です。

米国の名著『ウォール街のランダム・ウォーカー』という教科書どおりに、日本で実践しようとしても、数々の苦難が待ち受けており、なかなか思ったように事が進みませんでした。

何百年も続いてきた株式市場の歴史から見れば、この20年などごく限られた期間の出来事に過ぎません。

しかし、この期間には、リーマン・ショック、東日本大震災、コロナ・ショックという歴史的大暴落が起こっており、その前後で市場や保有資産がどうなったのかを振り返ることができるという点において、他の期間と比べても、なかなか刺激的で学ぶべきことが多い期間であったと言えると思います。

そんななかで、なんとかかんとかインデックス投資を20年間実践してみて、そして相場の天国と地獄を両方経験してみて、初めてわかったことが3つありますので、それをお伝えします。

①最悪の事態の想定は「厳しめ」に見積もるべきだった

第2章で説明した最悪の事態の想定は、「投資金額×（期待リターン－（2×標準偏差））」で求められました。これは間違いないのですが、あくまでも想定に過ぎません。「目安」なのです。なにせ、5％の確率で2標準偏差を超える値動きは起こり得るからです。

しかし、国際分散投資したポートフォリオが2標準偏差を超える値動きは、実際にはなかなか起こるものではありませんでした。そのうちに、いつの間にか2標準偏差を「絶対防衛ライン」と勘違いしてしまった節が私のなかにありました。

よく考えれば、起こり得る事態ではあったのに、ほとんど起こり得ないものという意識になっていたのだと思います。

リーマン・ショックの年に私のポートフォリオは1年で▲53・6％という下落を記録しました。これは2標準偏差を超える暴落であり、最初なにが起こったかわからず、「そんなバカな……」と一瞬、思考停止してしまいました。

すぐに気を取り直しましたが、発生確率が極めて低くても、起きるときには起きるものだなと実感しました。ガリガリ君が2回連続で当たった（発生確率0・1024％）ことがあるように。

だから、**最悪の事態の想定は「厳しめ」に見積もり、自分のリスク許容度ギリギリまで投資するのではなく、資産配分を少し安全サイドに倒しておけば、万が一、最悪を超える事態になったとしても、もっと余裕を持って運用できたのではないか**と反省しています。

②相場が永遠に下がり続けることはない

下げ相場では、この相場下落がいつまでも続くのではないかという気分になります。穴に落ちたのにいつまでも底につかずに落ち続けていくかのような感覚です。

しかし実際には、国際分散投資されたインデックスファンドの積み立て投資の投資成果は、「100年に一度」といわれたリーマン・ショックからも、「1000年に一度」といわれた東日本大震災からも、2～3年で回復してしまいました。

しかも、回復するときはいつも突然の急上昇という形で始まり、まさに「稲妻が輝く瞬間」です。

暴落中は2ちゃんねるで「梅屋敷のアホは、今後10年はマイナス圏だろうね」と揶《や》揄《ゆ》されましたが、残念ながら現実は、彼らの期待どおりにはなりませんでした。そして、おそらく彼らは「稲妻が輝く瞬間」を逃し、平均以下のリターンに甘んじて地団駄を踏んでいることでしょう。

たとえ、世の中がどんなに悲観的な情報であふれかえっていても、「やまない雨はない」という言葉と同様に、永遠に下がり続ける相場もありませんでした。将来の相場が過去と同じようになるかは誰にもわかりません。

ただ、20年のインデックス投資の実践のなかで、プラスの方向に「平均回帰性」が働いていると体感できたことは、自分にとって非常に大きな収穫でした。

③インデックス投資家の仕事は「売りたくなったときに我慢すること」

インデックス投資は、最初に、自分のリスク許容度を把握したり資産配分を決定したりインデックスファンドを選定したりと、始める前にはあれこれやることがありますが、いざ始めてしまえば、やることは毎月の積み立てくらいしかやることがありません。せいぜい年に一度程度のリバランス（これも実際にはやらないですむ年が多い）くらいです。

では、インデックス投資を20年間実践するなかで、なににいちばん力を使ったのか。

投資したインデックスファンドを「売りたくなったときに我慢すること」でした。

信念を持ってバイ&ホールドすることが重要と頭ではわかっていても、実際になにもしないで運用資産をほったらかすのも実は大変でした。特に暴落時は恐ろしいですし、心ない世間の悪評を受けることもありました。

そんなときは、「売りたくなったときに見る言葉」を何度も読んだり、「売らずに我慢するテクニック」を駆使して乗り切ってきました。どうしても売りたくなったときには、一度投資から離れて、大きな視点で物ごとを見直してみることです。

人の欲望をエンジンとした資本主義経済の拡大再生産がきっと今後もなくならないという確信を見つけられれば、それで売りたくなった気持ちを切り替えることができるはずです。

いい意味でも悪い意味でも、人の欲望というものは限りがないため、会社、街のなか、カフェ、スーパーマーケット、もしかしたら家のなかなど、きっとあちこちで見つけることができるでしょう。

ちょうど、私がリーマン・ショックのときに書店に山積みされていた悲観的な新刊書籍から、人々の「儲けたい」という欲望を感じ取ったように。

第6章

貴重情報！
インデックス投資の
終わらせ方

インデックス投資の出口戦略に関する情報が少ない理由

インデックス投資に関する本やウェブサイトの情報は20年前と比べて格段に増えています。ところが、少しインデックス投資のことを勉強した方々が口を揃《そろ》えて言うことがあります。それは、「**インデックス投資の出口戦略の情報がほとんどない**」ということです。

ひとつには、日本ではインデックス投資がまだ歴史がなく、積み立てて資産形成中のインデックス投資家の数はそれなりにいても、老後の生活のように資産を取り崩しながら生活する資産活用期にあるインデックス投資家の数はまだまだ少ないことが考えられます。

インデックス投資ブロガーも30〜40代の人が中心ですので、日々更新されているブログ記事に、資産の取り崩しの話があまり出てこないのは無理もない話です。

もうひとつ、金融機関側から見て投資の出口戦略とは、自社の預かり資産が減ることを意味しているので、積極的ではないという面もあると思います。

実際に、投資信託の自動積み立てサービスは進化を続け、単なる毎月積み立てだけでなく、毎週積み立て、毎日積み立て、ボーナス積み立てとさまざまなバリエーションのサービスが出てきていますが、投資信託の自動解約サービスというものはほとんどないし、あってもあまり進化していません（今後の期待分野ともいえます）。

そして最大の理由は、投資家自身が出口戦略という言葉に「ないものねだり」をしているからです。

「出口戦略」という魔法の言葉の罠《わな》

ここまで、インデックス投資では「将来の株価動向は予測不能」ということが何度も出てきました。

株価はふらふらとランダムに動きながらも、長期的には上昇する方向性を持つ（期待リターンがプラス）ことから、いろいろな資産クラスに分散したインデックスファンドを、タイミングを考えずに定期購入して長期保有する。

こうしたインデックス投資の要諦《ようてい》に、ここまで本書を読み進めてこられた皆さまは、おおむね賛同していただいていると思います。

さて、インデックス投資を始めたばかりの頃は、「将来の株価動向は予測不能」だと納得していたインデックス投資家も、長い間インデックス投資家を続けて、保有資産額が大きくなってくると、こんな不安に襲われることがあります。

「このまま投資していて、もし自分がリタイアする直前に株価が暴落したらどうしよう……」

そこで登場してくるのが、「出口戦略」という言葉です。

「そうだ、出口戦略を考えなくては！」

「出口戦略」とは、もともとは軍事用語で「敗勢からの撤退作戦」という意味でしたが、転じて、ビジネスにおいて「投下した資本を最大限に回収すること」（第三者への転売や株式公開など）という意味で使われるようにもなっています。

資産運用においては、「最終的に利益を確保する」という意味で使っている方が多いように思います。くだんのインデックス投資家も、自分がリタイアするときには、しっかりと利益を確保できるような「出口戦略」を求めて彷徨《さまよ》いだします。

そして、本やネットを丹念に調べ上げ、こう嘆くのです。


「なんだよ、出口戦略について書かれた情報がないじゃないか！」


しかし、よく考えてみれば、これは当然のことです。彼が求めている「出口戦略」は、言ってみれば「自分がリタイアする時期に必ず儲かっている方法」であり、要するに「必ず儲かる投資法」なのですから。

インデックス投資を始めた頃は、「将来の株価動向は予測不能」と納得していたはずなのに、いつの間にか、あるはずのない「必ず儲かる方法」を探していたのです。

それもこれも、「出口戦略」という魔法の言葉が持つ魅力のせいではないでしょうか。「出口戦略」という言葉はとても便利で、「ぜったい儲からなきゃヤダ〜！」という投資家の本音を、きれいなオブラートで包んでくれます。

「いかなる投資も常に出口戦略を考えて行われるべきだ」なんて言えば、なんだか知的な雰囲気まで醸しだしてくれるので、投資家だけでなくファイナンシャル・プランナーや評論家を含め、多用する人が多いのもうなずけます。

しかしながら、冷静な頭で考えれば、特にインデックス投資家なら、必ず儲かる方法などないと、そもそも知っているはずです。株式市場は、「今から○○年後にちょうど利益が出ていてほしい」などという個人の都合などとは無関係に上下に動き回ります。

では、インデックス投資の「出口戦略」として、なにかできることはないのでしょうか。

腹に落としておきたいのは、私たち投資家がコントロールできるのは、コストと、せいぜいざっくりとしたリスクまでで、将来のリターンはコントロールできないということです。自分が資産を取り崩したい時点のリターンの状況は、多分に「運」の要素も大きく、結果は神のみぞ知るといったところです。

「出口戦略」という魔法の言葉の罠にとらわれ、ないものねだりに奔走したりすることのないよう、まずは現実をしっかりと見つめ、過剰期待せずに、コントロールできることに集中するという考え方をベースに、インデックス投資の出口戦略を考えていきましょう。

インデックス投資の出口戦略①「リアロケーション」

あらかじめ誤解のないように言っておくと、「出口戦略」とはいっても、それは必ずプラスのリターンが出るための資産売却方法の話ではありません。

ここで紹介する「出口戦略」は、人生の後半で資産をなるべく減らさないで運用を続けるための合理的な方法です。

まず、**投資家本人の加齢にともなう「リアロケーション」（資産配分比率の変更）**です。

前述のリバランス（資産配分比率の修正）とは違います。リバランスは崩れた配分比率を元に戻すだけですが、リアロケーションは、配分比率そのものを変更します。

出口戦略としては、ポートフォリオの債券比率を高めて（＝株式比率を減らして）保守的な資産配分に変更します。

インデックス投資において、リターンを自分で直接コントロールすることはできませんが、リスクは資産配分によって自分である程度コントロールすることができます。

出口戦略でも、コントロールできるリスク部分に手を加えます。

人には寿命というものがある以上、長期投資にも限界があります。無限に何百年も投資し続けることはできません。先祖代々の資産を脈々と引き継ぐのなら話は別ですが、一般的には個人投資家は自分の人生にあてはめて出口戦略を考えます。

歳を取るたびに投資できる期間が短くなっていきます。同時に、投資で損失が出た場合の回復にあてられる期間も短くなっていきます。人生の後半になればなるほど、損失に対する許容度が下がってきます。

つまり、人は加齢とともにリスク許容度が下がっていくものだと考えるのが自然です。であれば、加齢とともにポートフォリオの資産配分も、リスク許容度の低下とあわせて保守的に変更していけばよいということになります。

加齢による自分のリスク許容度の低下に合わせて資産配分を見直すといっても、リスク許容度の変化は性格や感じ方にもより「ざっくりこのくらい」という定性的な決め方になる面が多分にあるからです。

そこで、定量的で実用的なひとつの目安があります。

米国には「100から年齢を引いた割合で株式を持て」という教えがあります。もし自分が30歳であれば、100−30＝70％の株式を持つ（30％の債券を持つ）。60歳であれば、100−60＝40％の株式を持つ（60％の債券を持つ）という具合に考えます。

もちろん、リスク許容度は人によってそれぞれ違っているものなので、誰もがこの公式の比率が正しいというわけではありません。しかし、年齢とともに株式の比率を減らしていくペースとしては、10年で株式クラス10％分というのは、まあまあ実用的なのではないかと思います。

第2章の「資産配分の『キモ』は意外にも国内債券だった」の節にあった表8「各アセットクラスを組み合わせたときの期待リターンとリスクの目安」（93ページ）にあるとおり、株式比率が10％下がる（債券比率が10％上がる）とポートフォリオのリスク（標準偏差）も1〜2％下がり、最大損失の覚悟も2〜4％程度少なくて済む計算になります。

私は30歳のとき、自分のリスク許容度を考えて、株式クラスが80％程度のポートフォリオで運用していました。米国の教えよりもややアグレッシブな資産配分です。そこから10年間、毎年所定の資産配分にリバランスをしながらも、株式クラスの比率はずっと80％をキープしていました。

しかし、40歳になった年に、資産配分の株式比率を10％落として70％に変更しました。今度は50歳になったときに、また株式クラスを10％落として60％程度に落とすことを検討するでしょう。

これがリバランスならぬ、「リアロケーション」です。私はだいたい10年ごとにリアロケーションしていますが、もう少しきめ細かく5年ごとでもよいと考えていますし、毎年見直してもよいでしょう。

世の中には「ターゲット・イヤー型ファンド」というものもあります。これは退職する年などのように、あらかじめ目標とする年（ターゲット・イヤー）を定めて、資産配分を当初の積極的な配分からターゲット・イヤーに向けてだんだんと安定的な配分に自動的に変えていく投資信託です。

ターゲット・イヤー型ファンドのなかには、たとえば毎月、資産配分をリアロケーションしていく運用をするものもあるようです。

運用コストが高いものが多いので投資することはおすすめしませんが、いくつかの「ターゲット・イヤー型ファンド」の目論見書を読んでみて、時間経過とともに株式比率をどの程度下げていく運用をするのかを参考にしてみるのはよいかもしれません。

注意点として、リアロケーションは相場状況に関係なく定期的に行うべきという点があげられます。特に、下げ相場で損失を被《こうむ》ってからリアロケーションをするという癖をつけないことです。

下げ相場ではどうしても弱気になってしまいがちです。株式比率を高くし過ぎたかな？　と感じてしまいがちです。しかし、下げ相場の度にリアロケーションすると、株価が低いときにばかり株式を売ることになり、結果的に「高く買って、安く売る」という最悪の事態に自分からだんだん近づいていくことになってしまいます。

加齢によるリスク許容度の低下は、あくまで加齢によるものであって、相場環境によるものではないことを覚えておいてほしいと思います。

リアロケーションはリバランスと同様に、平常時、むしろ上げ相場のときにこそやるのが有利です。インデックス投資の将来の相場予測はできないという考え方に立てば、相場状況に関係なく定期的におこなっておくのが無難です。

インデックス投資の出口戦略②「定額ではなく定率の取り崩し」

現役で働いている人もいつかは退職します。退職すれば仕事による収入がなくなるため、将来は、年金を中心に生活しながら、預貯金や運用資産を少しずつ取り崩して、生活費の足しにしていこうとする方も多いと思われます。定期的に資産の取り崩しをする場合、どのように資産を売却していくのがよいのでしょうか。

まず大前提は、所定の資産配分比率を崩さないように取り崩すことです。つまり、ポートフォリオ全体と同じ資産配分で、インデックスファンドなどを売却するのです。

たとえば、「含み益がたっぷり乗っているインデックスファンドを売却するとたくさん税金を取られてしまうので、あまり含み益がないインデックスファンドから売却しよう」といった具合に、別の要因にしたがって売却することを繰り返していると、ポートフォリオ全体のバランスが崩れ、知らないうちに過大なリスクを負ってしまうようなことになりかねません。

リタイア後であればなおさら、リスク管理には注意を払うべきです。

そして、取り崩す金額についてです。

これは、「定額」ではなく「定率」で取り崩すべきです。

心情的には、たとえば「毎月5万円ずつ」など金額を固定した方がわかりやすく、生活費のあてとしては管理しやすいので、定額で取り崩したくなるのはわかります。

投資するときのことを思い出してください。定時定額で積み立てること（ドルコスト平均法）のメリットとして、株価が高いときには少ない量の投信を買い、株価が低いときには多くの量の投信を買うことになり、そのおかげで平均購入価格を下げることができました。

しかし、取り崩しのときに、定額で取り崩すとどうなるか。

株価が高いときには少ない量の投信を売るのはいいのですが、株価が低いときには多くの量を売ることになり、運用資産の減少を加速してしまいます。ドルコスト平均法のメリットが、逆にデメリットとなって効いてきてしまう形になるのです。

定率で取り崩すようにすれば、株価が高いときには多くの投信を売り、株価が低いときには少しの投信しか売らないですみますので、運用資産の減少を加速することはありません。

相場動向によって毎月の取り崩し金額が変わるのは、少々管理しづらい面もありますが、生活費の「足し」だと割り切ることができれば、人生の後半で資産をなるべく減らさないで運用を続けることができます。

定率であれば何％で取り崩せばよいのか。これは、運用資産額と必要金額によって、人それぞれ違うでしょう。**目安として、『ウォール街のランダム・ウォーカー』では保有資産の4％を取り崩す「4％ルール」をすすめています。**

考え方としては、**ポートフォリオの期待リターンからインフレ率を引いた数字が年間の取り崩し比率**となります。

4％という数字の根拠は、米国において、株式：債券＝50：50の資産配分で運用して年5・5％の期待リターンを見込むという前提で、インフレ率を1・5％と仮定すると、毎年4％を取り崩すだけなら、計算上は保有資産を減らさないで運用し続けられるという考え方です。

日本の場合、インフレ率は現在米国よりも大幅に低いので、この前提であれば、もう少し多めに取り崩しても良いと考えられるかもしれません。

ただし、リタイア後のポートフォリオは株式：債券＝50：50よりももう少し保守的になっていることが多いであろうことを考え合わせれば、やはり4％程度が目安になるかもしれません。これはあくまでも目安であり、繰り返しになりますが、個人個人の運用資産額と必要金額によって、ベストな取り崩し比率は異なりますので、ご自身のケースで試算してみてください。

取り崩し期間について、実際に取り崩しをされているベテランのインデックス投資家に教えていただいたコツがあります。**取り崩しの期間は、なにも毎月でなくてもよく、半年に1回とか、もっと言ったら年に1回という取り崩し期間でも構わない**というのです。

実際に運用を続けていると、「けっこう株価が上がってきたな」と思える上げ相場が続くこともあり、定率で取り崩したとしても「今年1年の生活費の足しとしてはこの利益でもう十分かな」と思えるタイミングがあれば、1年分まとめて売却してしまうというのです。

もちろん、将来の相場予測はできませんが、生活費はだいたい予測できることから、生活費として足りる利益が出ているときに、1年分まとめて売却してしまうというのは、理にかなっています。その後さらに株価が上がっても、必要な生活費はもう確保済みで安心だし、残りの運用資産はその恩恵を受けられるので、それほど悔しくはないでしょう。

いずれにしても、**「積み立てるときは定額、取り崩すときは定率」**と覚えておいてください。

インデックス投資の出口戦略③「必要になったら必要な分だけ取り崩す」

前出の2点の出口戦略は運用資産をできるだけ減らさないようにするためのもので

したが、人生の後半においては、運用資産が減ることを気にすることなく、お金が必要になったら必要な分だけ取り崩して、使っていくという考え方もあります。

言うまでもなく、あの世にお金を持っていくことはできません。お金や投資は「目的」ではなく、「手段」です。人生の後半において、使えるお金は使えるうちにどんどん使って人生を楽しむというのは、ひとつの考え方であり、また生き方の話でもあり、そこに合理性や善し悪しはありません。

難しく考えず、必要なときに銀行からお金をおろして使うように、必要な時に必要な分だけ運用資産を取り崩して、残りは引き続き運用し続ける。

これはこれでシンプルで強力なひとつの出口戦略であるといえます。

「リタイア直後に大暴落が来たらすべてが水の泡じゃん!」という誤解

ここまで、投資家自身でコントロールできることにフォーカスして、インデックス投資の出口戦略についてまとめてきました。

しかし、まだ大暴落を経験したことのない投資家は、頭ではわかっていても、**「自分がリタイア直後にリーマン・ショック級の大暴落が来たらすべては水の泡ではないのか」**という不安が、どうしても拭《ぬぐ》えないかもしれません。

株価は基本的に上昇する方向性を持っているものの、短期的にはランダムに動き回り、時に大暴落や大暴騰します。人によっては、長い時間をかけて増やしてきた運用資産が、リタイア直後に大暴落に遭うことだってあり得ます。

しかし、思い出してください。第5章の「涙と苦労のインデックス投資家20年実践記」では、たった20年という短い期間ではあるものの、この期間には「100年に一度」といわれたリーマン・ショックと、「1000年に一度」といわれた東日本大震災が起こりました。発生確率で言えば、超レア級の大暴落です。

この貴重な経験から得られた教訓はなんだったでしょうか。

まず、**①最悪の事態の想定は厳しめに見積もるべき**でした。

しかし、インデックス投資の出口戦略その①「リアロケーション」によって、65歳のときの資産配分は、十分に保守的なものになっているはずです。株式クラスは少なく、リスクが低い債券クラスが多くなっており、ポートフォリオのダメージ耐性は資産形成期よりも高いはずです。

また、**②相場が永遠に下がり続けることはない**ことをあなたは知っています。「100年に一度」といわれたリーマン・ショックからも、「1000年に一度」といわれた東日本大震災からも、積み立て投資を続けていればダメージは2～3年で回復しました。

日本人は世界的に見て長寿で、65歳からの平均余命は、男性で約20年も、女性で約24年もあります（出典：厚生労働省「平成28年簡易生命表」）。長い時間をかけて積み立ててきたのと同じように、取り崩しもまた、長い時間をかけて行っていくので、ダメージから回復する運用期間は、いま若い人がイメージする以上には長くあります。

そしてなにより、**③インデックス投資家の仕事は、「売りたくなったときに我慢すること」**でした。65歳までインデックス投資を継続できた投資家は、もうその仕事の大切さを十二分に理解し、仕事の続け方を体得しているはずです。

もし本書が「売りたくなったときに我慢する」仕事を幾分かでもサポートできれば、それにまさる喜びはありません。

2009年3月〜
新興国の急成長により
相場がV字回復
萌美さん よく食べますね
2011年3月
東日本大震災が発生

2012年
安倍晋三内閣が誕生！
アベノミクスにより
日本株式が上昇
柏木先輩!?
テク…
テク…
ゴメン！
いつの間にか
増えてる！
2013年
黒田バズーカにより
一気に挽回！

そしてめでたく君が誕生！
おんぎゃー
おんぎゃー
先輩！おめでとうございます！
出産祝です!
おめでとうございます！
ンギューーッ！悔しーーッ!!
ありがとうございます
香水
この子には豊かな生活を送らせてあげたいね
あぁこれからますます頑張らなきゃな！
ばぅー
人が幸せを望む限り成長し続ける・・・・
神様・・今なら本当の意味分かる気がするよ
未来？

んーん
何でもない♪
んじゃ
家族も増えたし
海苔と箸と蓮華を持って
博多まで
ドライブしちゃう!?
のり
全部布石
だったんかい!!
これからも2人には
人生と相場の荒波が
待ち受けているだろう
少しは成長した
ようじゃ
さて、ワシも
寝るとするかの♪
じゃあ
誕生日会って
ことで♪
よし♪
そうと決まれば
シュッパーツ!
彼らの修行は
まだまだ続く!
終

めでたしめでたし。第2弾へ続く(!?)

エピローグ　寝かせて増やすことはつまり人の未来を信じるということ

プロローグで、「世界中に分散したインデックスファンドを積み立て投資して長期保有すること」を本書ではインデックス投資と呼ぶと書きました。

その後、二百数十ページにわたり、そのインデックス投資の方法や理屈や歴史、私の拙《つたな》い実践経験などを長々と書いてきました。

私は個別株投資に振り回されて仕事が手につかなくなってしまい、手間がかからない投資法を模索しました。

そしてインデックス投資と出会い、実践してきました。

株・債券・投資信託といった資産や、金融市場、金融機関などを研究して、運用コストが0・01％でも安いインデックスファンドを探し求めて運用をしてきました。

世界では予測不能な大事件や大災害がたびたび起こり、そのたびに市場は暴落しました。暴落が来ると、投資家たちも次から次へと脱落していきました。

インデックス投資家も例外ではありません。インデックス投資は、入り口で少々考えなくてはいけないことはありますが、運用中は何もしなくてよいのが特徴のはずです。

しかし、ひとたび暴落が来ると、投資家はなにもせずにはいられず、ニュースを見ては自信を失い、怯《おび》え、騒ぎ、ある者は損失に懲りて投資自体をやめてしまい、またある者は別のアクティブな投資法に鞍替《くらが》えしていきました。

Aさん「損失を確定して脱落していく人」
Bさん「市場に踏みとどまり市場回復の恩恵にあずかる人」

インデックス投資ブログを運営しながら多くの投資家の方々と接してきたなかで、AさんとBさんの両者の違いはなんだったのだろうと思いを巡らせると、市場に踏みとどまれる人の条件は、お金持ちでもなければ、明晰《めいせき》な頭脳でもありませんでした。ましてや運用管理費用（信託報酬）が他の人より0・01%安いインデックスファンドを買っていた人でもなかったように思います。

大暴落をくらっても市場に踏みとどまり生き残ったのは、人の明るい未来を信じている「楽天家」だったように思えるのです。

これからもリーマン・ショック級の大暴落はいつかまた来ると思われます。

でも、**インデックス投資が、人の欲望をエンジンとした資本主義経済の長期的発展に賭《か》ける投資法だと腹に落とすことができた人たちは、なかなかブレない**と思います。

全世界のことを把握するまでもなく、自分の身の回りで起きていることや、もっと言ったら自分のなかにも、それは人の明るい未来につながる道を見出すことができます。

「豊かになりたい」という気持ちを見つけることができれば、それこそがインデックス投資が長期的に成功するための原動力なのですから。

手間がかからない投資法を模索して、インデックスファンドの運用コストなどを事細かに追求していたら、いつの間にか「人の未来」などという高尚な言葉を本に書いて出版するという、昔の自分からは想像だにしなかった事態になっており、自分でもびっくりです。

私の拙い経験と文章が、これからインデックス投資を始めようという方や、これからも続けていきたいと思っている方にとって、なにかのお役に立てることができれば幸いです。

最後に、このようなチャンスをくれたフォレスト出版の寺崎翼さん、本を盛り上げる素敵な漫画を描いてくれた鐘崎裕太さん、そして何より、この本を手に取ってくれた皆さまに厚くお礼申し上げます。皆さまが資産運用の手間と悩みから解放され、豊かで楽しい人生を送られますよう祈念しております。

2017年　水瀬ケンイチ

改訂版あとがき

拙著『お金は寝かせて増やしなさい』が２０１７年に出版されてから、あっという間に6年が経ちました。改めて、私自身が20年以上実践してきたインデックス投資の方法が間違っていなかったことを、今いっそう強く確信しています。

私が実践してきたインデックス投資において、初版出版後の期間は長期ともいえないような短期間ではあるものの、その間、世の中では大変な出来事が頻発しました。たとえば人類にとって未知の新型コロナウイルス感染症の世界的パンデミック、世界規模の都市封鎖（ロックダウン）、コロナ・ショックによる市場大暴落、東京オリンピックの延期と無観客開催、ロシアによるウクライナ侵攻とパレスチナ紛争、世界的な物価・金利の急激な高騰など、２０１７年の出版当時には想像すらできなかった出来事が立て続けにたくさん起こったのです。

そのたびに株式市場は大きく揺れ動き、私たち投資家をまさに翻弄《ほんろう》してきました。

しかし、一方で、その都度市場はしぶとく回復し、じわじわと上昇してきました。世界中に分散したインデックスファンドにより、その上昇をしっかりと享受することができました。

そして、制度や商品などインデックス投資を取り巻く外部環境は、劇的にといっていいくらい改善してきました。

たとえば、超・低コストなインデックスファンドの登場、それに呼応した既存ファンドの運用コスト引き下げ、iDeCo（個人型確定拠出年金）の対象拡大、そしてNISA（少額投資非課税制度）の非課税枠拡大と非課税期間の無期限化です。

いずれも、私たちインデックス投資家がリスクを背負いながら運用を継続する上で、大きなサポートとなるものです。

本書では、改善されたインデックス投資環境の情報を更新しつつ、2002年から直近2023年まで、私自身のインデックス投資実践記を延長・アップデートしました。

引き続き、実際に投資している生の金額の推移を公開することで、よりリアリティをもって読んでいただけたのではないかと思います。

その間に運用評価額は1億円を超え、私の年齢を加味すると、「生活のための仕事」

はもはやする必要がないところまでは来ています。

ＳＮＳなどで「インデックス投資でお金持ちになった人などいない」などとよく言われますが、それは、まともなインデックスファンドやそれを継続的に取り扱う金融機関がない時代が長く続き、投資が仕事でも趣味でもない私たち一般人が、まともにインデックス投資をできるようになってから、まだ10年くらいしか経っていないからです。

私はまともな投資環境が揃っていない20年前に意地と根性でインデックス投資を始めて、なんとかかんとか継続してきましたが、今後は、快適な投資環境で手間なくスマートにインデックス投資を継続して、まとまった金額を資産形成できたという人がどんどん出てくるでしょう。

本書をお読みになった皆さまがそれに続いてくれたらうれしいです。

いわずもがなですが、リターンを得るにはリスクを取る必要があります。

そして、本書で提示した２００２年から２０２３年までの22年間の単純な延長線上に、未来があるわけではありません。今後、再び２００８年に起きたリーマン・ショック級の大暴落があれば（きっとあるはず！）、未来のリターンも大きく変わるでしょう。

それをふまえて、自分のリスク許容度の範囲内でインデックス投資を続けていこうと思っています。

最後に、改訂版を出すチャンスをくれたフォレスト出版の寺崎翼さん、本を盛り上げる素敵な漫画を描いてくれた鐘崎裕太さん、そして何より、この本を手に取ってくれた皆さまに厚くお礼申し上げます。皆さまが資産運用の手間と悩みから解放され、豊かで楽しい人生を送られますよう祈念しております。

2024年1月　水瀬ケンイチ

Special
Thanks

本の内容のリクエストをブログにお送りいただいた方々のなかで、
実際にリクエストを採用させていただいた皆さま

けいのすけさん　ともやんさん　やぬさん　Gonzoさん　いちろーさん
yukimanさん　mz01さん　くーちゃんさん　すーさんさん　tantanさん
ハムタさん　朝倉恭介さん　アルピーヌさん　石原さん　うにさん
内山直さん　ruisuさん　櫻井友哉さん　みな41さん　NAOKOさん
yokoさん　Kanaさん　kennさん　カービィさん　しのさん　みやみやさん
ケイヒロさん　SHさん　こんたさん　名無しのごんこちゃんさん
ビギナーさん　Gypsymanさん　みっくさん　たわらっきょさん　XYZさん
たぬきさん　ハナちゃんさん　千早さん　クンクンさん　Taddyさん
つつやんさん　たけしさん　山崎晃一さん　かずさん
higashinakanoyaさん　オレンジさん　ムサムサ83さん　aomoさん
toyoshiさん　きしやんさん　鶴見さん　ぼらんてぃさん　usisiさん
のーびのびさん　fanta_man_xさん　アキラさん　アジの開きさん
ヤスコロさん　かねやんさん　とよぴ～さん　ひでさん　あおやんさん
ニドさん　スミデラックスさん　nantesさん　虫とり小僧さん　ybさん

本書に登場した参考文献

バートン・マルキール著、井手正介訳『ウォール街のランダム・ウォーカー〈原著第11版〉
——株式投資の不滅の真理』（日本経済新聞出版社）
木村剛著『投資戦略の発想法——ゆっくり確実に金持ちになろう』（講談社）
ダニエル・C・ゴールディ、ゴードン・S・マレー著、漆嶋稔訳
『投資とお金について最後に伝えたかったこと』（日本経済新聞出版社）
チャールズ・エリス著、鹿毛雄二訳『敗者のゲーム〈原著第6版〉』（日本経済新聞出版社）
ジョン・C・ボーグル著、林康史・石川由美子訳『マネーと常識——投資信託で勝ち残る道』
（日経BP社）

水瀬ケンイチ（みなせ・けんいち）

1973年、東京都生まれ。都内IT企業会社員にして下町の個人投資家。2005年より投資ブログ「梅屋敷商店街のランダム・ウォーカー」を執筆、現在ではインデックス投資家のバイブル的ブログに。日本経済新聞やマネー誌などに数多く取り上げられる。著書『全面改訂第3版 ほったらかし投資術』（朝日新書・山崎元との共著）、『マンガ お金は寝かせて増やしなさい』（フォレスト出版）。

公式ブログ　梅屋敷商店街のランダム・ウォーカー
http://randomwalker.blog.fc2.com/

本書刊行後の最新情報はブログにて更新していきます。
インデックスファンド比較の最新情報もフォローします！

装丁・本文デザイン
小口翔平＋畑中茜（tobufune）
漫画　鐘崎裕太
DTP　キャップス
校正　広瀬泉

改訂版 お金は寝かせて増やしなさい

2024年3月3日　初版発行

著　者　水瀬ケンイチ
発行者　太田　宏
発行所　フォレスト出版株式会社
〒162-0824 東京都新宿区揚場町2-18　白宝ビル7F
電話　03-5229-5750（営業）
03-5229-5757（編集）
URL　http://www.forestpub.co.jp

印刷・製本　萩原印刷株式会社

ISBN978-4-86680-260-2　Printed in Japan

『改訂版　お金は寝かせて増やしなさい』

購入者限定無料プレゼント

ここでしか手に入らない貴重な情報です。

特典 1

著者・水瀬ケンイチが暴露！

国内インデックス投資黎明期の嘘偽りなしの黒歴史！（PDF）

紙幅の都合で泣く泣くカットした幻の原稿をボーナストラックとしてプレゼント。「愚者は経験に学び、賢者は歴史に学ぶ」といわれるとおり、およそ20年前、よちよち歩きだった国内インデックス投資の黎明期の歴史を学ぶことは、きっとあなたのためになるでしょう。

特典 2

みんなが悩む「一括投資vs.積み立て投資」はどっちがいいの？（PDF）

初版出版のあと、読者のみなさまから寄せられた質問の中でいちばん多かったこの疑問に著者がお答えします。ブログやSNSでもずっと論争されていますが、これを読めばズバリ決着です。

※特典①は『お金は寝かせて増やしなさい』初版と同じものです。
※PDFファイルはWeb上で公開するものであり、小冊子などをお送りするものではありません。
※上記特別プレゼントのご提供は予告なく終了となる場合がございます。
※本登録によりフォレスト出版から各種ご案内のメールが届きます。不要な場合は購読停止フォームよりご解除ください。

購入者特典を入手するには
こちらへアクセスしてください
https://frstp.jp/index2